爆品战略

周锡冰/著

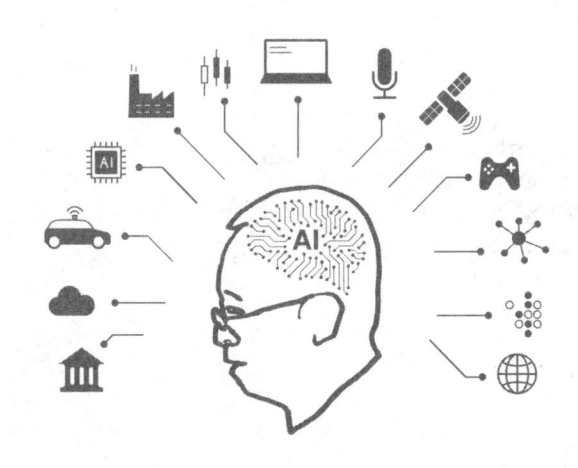

中华工商联合出版社

图书在版编目（CIP）数据

爆品战略 / 周锡冰著． -- 北京 ：中华工商联合出版社，2025. 1. -- ISBN 978-7-5158-4171-7

Ⅰ．F713.50

中国国家版本馆CIP数据核字第20250HW581号

爆品战略

作　　者：	周锡冰
出 品 人：	刘　刚
责任编辑：	于建廷　臧赞杰
装帧设计：	周　源
责任审读：	傅德华
责任印制：	陈德松
出版发行：	中华工商联合出版社有限责任公司
印　　刷：	北京毅峰迅捷印刷有限公司
版　　次：	2025年4月第1版
印　　次：	2025年4月第1次印刷
开　　本：	787mm×1092mm　1/16
字　　数：	230千字
印　　张：	13.75
书　　号：	ISBN 978-7-5158-4171-7
定　　价：	58.00元

服务热线：010-58301130-0（前台）
销售热线：010-58301132（发行部）
　　　　　010-58302977（网络部）
　　　　　010-58302837（馆配部）
　　　　　010-58302813（团购部）
地址邮编：北京市西城区西环广场A座
　　　　　19-20层，100044
http://www.chgslcbs.cn
投稿热线：010-58302907（总编室）
投稿邮箱：1621239583@qq.com

工商联版图书
版权所有　侵权必究

凡本社图书出现印装质量问题，
请与印务部联系。
联系电话：010-58302915

目录

绪　论 //001

第一部分
打造好产品需要洞察用户人性

第1章　好产品直接反映人性本质需求 //019

　　　　商业本质归根结底是满足人性需求 //020

　　　　拒绝往一个根本不存在的市场里砸钱 //039

　　　　不少产品败在没有需求 //047

第2章　制造产品就是解决用户实际需求 //050

　　　　用户紧迫性越高，其痛点越痛 //051

　　　　小步快跑、循序渐进、不断试错 //061

　　　　高频绝对是衡量产品好坏的重要标准 //067

第二部分
极致的产品力比1亿销量更重要

第3章　极致的产品力才是生产力 //073

　　　　用心做产品可以改变世界 //074

　　　　首先思考顾客用产品完成什么事情 //077

第4章　产品不怕有缺点，就怕没亮点 //087

　　　　资源有限时一定要单点突破 //088

　　　　用最朴素的语言总结产品的一个点 //099

第5章　没有用户体验，就没有商业价值 //106

　　　　产品让用户使用起来感到愉悦 //107

　　　　用户需要引导，但不喜欢被教导 //112

第三部分
优秀产品经理的"四心"

第6章　用心：对自己对产品负责任 //123

　　　　不能把一个产品做到极致就是没用心 //123

　　　　成功创业者就是优秀的产品经理 //126

目 录

第7章 同理心：从用户角度出发 //130

　　千万不能用工程师思维来做产品 //130

　　做产品必须从用户的角度出发 //134

第8章 处处留心：哪里有抱怨，哪里就有痛点 //139

　　产品体验无处不在 //140

　　产品设计需要处处留心 //141

第9章 没心没肺：极致不是完美，仍然需要改良 //146

　　做产品做到极致，但不是完美 //146

　　忍受市场各种用户建议、正常反馈 //150

　　没有任何一款产品能够讨好所有用户 //151

第四部分

一切颠覆源于致力于做有温度的产品

第10章 用户怀念周鸿祎的颠覆精神 //161

　　人们为什么想念周鸿祎的颠覆精神 //162

　　彻底把收费变成免费 //167

　　颠覆既有的商业模式和自己 //172

第11章　颠覆性创新不能以牺牲用户体验为前提 //174

　　360搜索的机遇 //174

　　技术实力引领行业进步 //181

　　颠覆性创新的关键是敢于王佐断臂 //185

　　把过去复杂的操作简单化 //191

第12章　用户思维比客户思维重要 //203

　　服务用户比客户更重要 //204

　　传统思维中只有"客户" //205

后　记 //212

绪 论

2017年，一向"尚武"的"斗士"、360创始人周鸿祎，在挑战多位"武林高手"后，随即"放下屠刀"。

当周鸿祎豪侠般"归隐"后，成百上千的360用户自发地怀念"红衣教主"周鸿祎，呼唤周鸿祎出山与各路"侠客"与"豪杰"汇聚华山论剑。究其原因，有以下三个：

第一，在"百度（B）、阿里巴巴（A）、腾讯（T）"的"三国鼎立"时代，想要打破现有的格局，需要更多的"周鸿祎"。

第二，周鸿祎拥有"舍得一身剐，敢把皇帝拉下马"的"九头鸟"性格，始终斗志高昂。

关于"九头鸟"，著名作家林语堂在《吾国与吾民》一书中曾这样写道："中国向有'天上九头鸟，地下湖北佬'之俗谚，盖湖北人精明强悍，颇有胡椒之辣，犹不够刺激，尚须爆之以油，然后煞瘾之概。故譬之于神秘之九头鸟。"

林语堂的这段话非常恰当地概括了湖北人的性格特点——精明强悍,可谓十分形象。学者王潘曾写道:"周鸿祎就是这样一个雷厉风行的性情中人,在360整个发展历程中,从安全业务起家,到浏览器、搜索、移动分发渠道、游戏、手机硬件、直播,每当他决定要做一项新业务,便会亲自去扫除各种阻力和障碍,坚决向下推进执行。"[1]

第三,作为颠覆者的周鸿祎,不仅能够读懂人性需求,同时还能站在用户的立场上思考极致的产品和服务体验,由此研发出与之匹配的一流产品。

按照周鸿祎的定义,所谓一流的产品,就是指站在用户的角度,能够方便、快速地解决用户问题的产品。概括起来,一流产品的特点有三个:(1)站在用户的角度。(2)帮用户解决问题。(3)方便、迅速、简单地帮助用户解决问题。

基于此,在挑战"武林高手"时,周鸿祎以颠覆者的角色出现在江湖中,甚至掀动整个江湖格局。在接受媒体采访时,周鸿祎坦言:如果一个颠覆者不能颠覆掉自己,便不可能一直是个颠覆者。

在颠覆的路径中,作为产品经理的周鸿祎,选择从极致的产品和体验出发,以用户口碑为基础,形成规模效应,突破临界点,最终颠覆行业格局。在PC时代,360安全卫士几乎是PC端必备的软件,如今的360

---

[1] 王潘.复盘360六年历程:周鸿祎的困局与筹码[EB/OL].(2016-11-30).https://www.woshipm.com/chuangye/470289.html.

安全卫士，包括360搜索、导航、杀毒等，从起初的安全软件已经转变为数字领域的安全公司。

《三六零安全科技股份有限公司2022年年度报告》数据显示，在近二十年的发展进程中，公司一直在做服务、做攻防，一直在积累数据，投入200亿元，聚集2,000多名安全专家，积累2,000PB的安全大数据，建立了"云、端、数、智、人、运营体系、服务能力"七大核心优势，用互联网模式和数字化基因塑造了安全的新模式。

（1）云——云端

360全球首创"云查杀"模式，把所有安全数据收集到云端做安全分析，是一家云原生的安全公司，实现了数据云端打通和协作。

（2）端——终端

终端数据是大数据分析的核心，既可以感知风险，又能快速响应抵御攻击。实践证明发现APT攻击90%依靠终端数据，非APT攻击80%依靠终端数据。360全球首创"免费安全"，360安全卫士、360安全浏览器、360手机卫士全球累计覆盖15亿终端，覆盖225个国家和地区，通过终端公司具备实时感知全球全网安全事件的能力。

2023年2月23日，根据360发布的《2022年度中国手机安全状况报告》，2022年全年，在360安全大脑的支撑下，360手机卫士共为全国用户拦截各类垃圾短信约91.6亿条，同比2021年（167.2亿条）下降了45.2%，平均每日拦截垃圾短信约2,510.6万条，见图0-1。

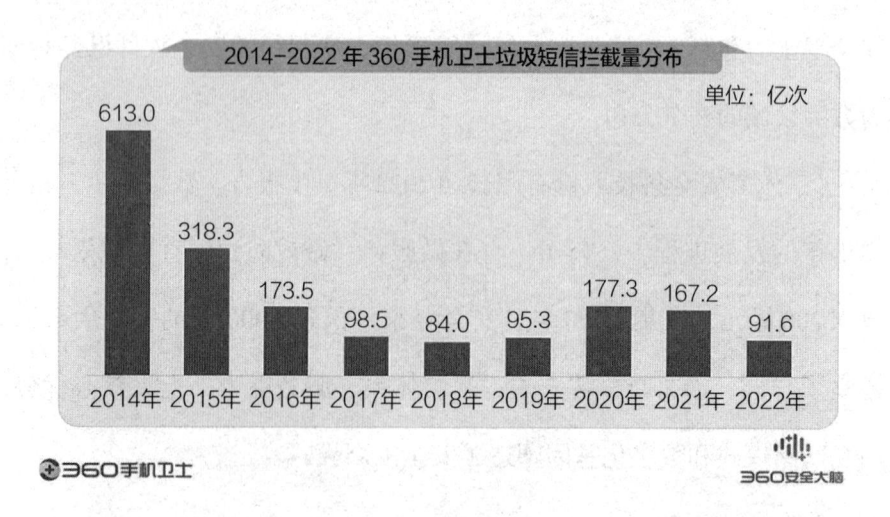

图0-1　2014-2022年360手机卫士垃圾短信拦截量分布

（3）数——安全大数据

因为在云端做分析，360在云端聚集了海量安全大数据，任何网络攻击都将落入视野，形成独有的终端安全大数据。18年来，360一直在规模化收集高危程序行为和访问恶意网址行为等全量安全数据，这些数据对于攻击线索的历史回溯关联无可替代。多年沉淀加上全网视野，360公司拥有310亿样本数据、22万亿安全日志、90亿恶意域名信息，合计拥有的安全大数据量超过2,000PB，遥遥领先于国内同行业公司。在此基础上，360公司具有瞬间调用超过百万颗CPU参与计算、检索和关联多维度数据的能力，能够在千丝万缕的复杂数据中进行分析挖掘，快速发现高级威胁的蛛丝马迹。

（4）智——AI能力及大数据分析能力

对于安全公司来说，云端安全数据规模大到一定程度，通用的Hadoop、ES等大数据框架是无法装下的，需要用到的是大数据的管理和分析能力。360公司自主开发的360搜索排名中国搜索引擎前列，日均抓取超过10亿次，拥有强大的数据整合、分析和处理能力。360公司利用互联网搜索技术，首创超大规模安全数据存储、处理和检索技术。不仅如此，360公司认为对海量大数据的分析仅仅依靠搜索还不够，首创安全大数据AI智能分析技术，用于海量样本的自动化分析、筛选和关联，从中发现攻击线索，实现了"AI+安全"的落地和应用。通过AI技术与安全能力结合，360公司已累计发现Tensorflow、Caffe、PyTorch等主流机器学习框架的漏洞200多个，其中提交给谷歌Tensorflow的漏洞数达98个，包括24个高危、严重漏洞，在全球各大厂商中排名第一，被选入了中央网信办"人工智能企业典型应用案例"。360公司的人工智能技术不仅在安全业务上实现应用，也在为互联网业务持续赋能。

（5）人——安全专家

网络安全本质上是一系列攻防对抗，其背后专业人员能力水平的高低决定了攻击方或防守方在对抗中所表现出来的优劣势，也最终决定了在"网络战争"中胜利天平的倾斜方向。截至报告期末（2022年1月1日至2022年12月31日），360公司的安全专家数量达到3,602名，占全公司员工比例超过55.58%；360公司旗下设有16个研究团队、8个研究机构、4大国家工程验室，能够应对不同场景下安全能力的研发和安全需求的响应，见图0-2。

16个研究团队

360 Vulcan Team	360 MeshFire Team	360 Vulpecker Team	360 烽火实验室
360 Sky-Go Team	360 高级威胁应对团队	360 Okee Team	360 冰刃实验室
360 Alpha Lab	360 NetLab	360 Nirvan Team	360 白泽实验室
360 Gear Team	360 诺亚实验室	360 QVM Team	360 Helios Team

8个研究机构

360 天枢智库	360 安全工程研究院	360 工业互联网安全研究院	360AI 安全研究院
360 网络安全研究院	360 云安全研究院	360 数据安全研究院	360 标准化部

4大国家工程实验室

大数据协同安全技术国家工程实验室	大数据分析与应用技术国家工程实验室
计算机病毒防治技术国家工程实验室	网络事件预警和防近控技术国家工程实验室

资料来源：360公司财报

图0-2　360公司研发团队、机构、实验室情况

庞大的安全专家团队帮助360公司在安全领域获得了无数国内外大奖。从2017年到2022年，在全球瞩目的微软MSRC安全精英榜榜单上，360公司连续五年在入选人数和综合排名方面位居全球第一。

绪 论

（6）运营体系

围绕数据的采集、存储、处理、分析，以及安全事件的发现、追踪、攻防、溯源，360公司内部不断整合优化人、技术、工具、数据和平台，逐步建立了一整套安全运营体系。区别于"硬件部署+运维"的传统安全运营服务，360安全运营服务新体系更加侧重体系化、常态化、实战化，以安全运营全生命周期闭环效果为要求，打通本地服务能力和云端安全能力，构筑以持续、主动、闭环为特点的安全运营能力，实现安全运营服务有效、可评价。

（7）服务能力

作为国内稀缺的兼具安全能力和互联网基因的公司，360具备管理、运营、分析海量多维安全大数据的强大实力和卓越能力，为安全专家快速并深度解析、溯源、追踪高级威胁奠定了良好基础。以产品为连接，以运营体系为依托，360从开始就用互联网SaaS模式为用户提供安全服务，连续18年稳定服务全球15亿用户，形成了强大的互联网服务能力。

基于以上的能力积累，360建立了全网数字安全大脑，实时采集全网安全大数据，实时对海量数据检测分析，建立全网安全态势平台，高级安全专家团队利用多种生产运营平台发现威胁、捕获攻击，通过SaaS化的数据服务、情报服务和专家服务帮助用户抵御攻击，打造了一套数字空间的预警机制。360全网数字安全大脑形成了业界最强的全网"看见"能力，基于这个能力，可以形成一套完整的"感知风险、看见威胁、抵御攻击"的闭环过程，见图0-3。

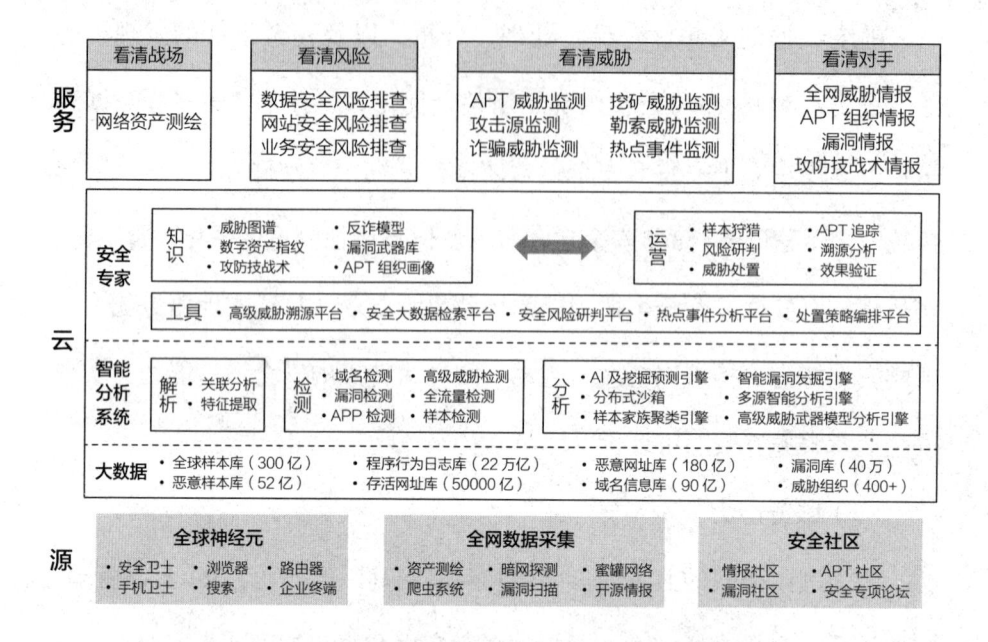

	看清战场	看清风险	看清威胁	看清对手
服务	网络资产测绘	数据安全风险排查 网站安全风险排查 业务安全风险排查	APT威胁监测　挖矿威胁监测 攻击源监测　　勒索威胁监测 诈骗威胁监测　热点事件监测	全网威胁情报 APT组织情报 漏洞情报 攻防技战术情报

安全专家（云）：
- 知识：威胁图谱、数字资产指纹、攻防技战术、反诈模型、漏洞武器库、APT组织画像
- 运营：样本狩猎、风险研判、威胁处置、APT追踪、溯源分析、效果验证
- 工具：高级威胁溯源平台、安全大数据检索平台、安全风险研判平台、热点事件分析平台、处置策略编排平台

智能分析系统：
- 解析：关联分析、特征提取
- 检测：域名检测、漏洞检测、APP检测、高级威胁检测、全流量检测、样本检测
- 分析：AI及挖掘预测引擎、分布式沙箱、样本家族聚类引擎、智能漏洞发掘引擎、多源智能分析引擎、高级威胁武器模型分析引擎

大数据：全球样本库（300亿）、恶意样本库（52亿）、程序行为日志库（22万亿）、存活网址库（50000亿）、恶意网址库（180亿）、域名信息库（90亿）、漏洞库（40万）、威胁组织（400+）

源：
- 全球神经元：安全卫士、浏览器、路由器、手机卫士、搜索、企业终端
- 全网数据采集：资产测绘、爬虫系统、暗网探测、漏洞扫描、蜜罐网络、开源情报
- 安全社区：情报社区、漏洞社区、APT社区、安全专项论坛

资料来源：360公司财报

图0-3　360全网数字安全大脑

回顾当年，在病毒肆虐的时代，用户只有购买杀毒软件，才可以得到杀毒服务。面对行业安全，周鸿祎"揭竿而起"，涉足安全软件领域，同时还开启免费模式。

当360安全卫士免费后，其他的杀毒软件被迫免费，但360安全卫士已经成了深受用户欢迎的安全软件之一。有数据显示，截至2022年2月24日，360安全卫士用户量高达5.09亿，在个人安全领域全球第一，12年来累计守护超过13亿用户，国内安全数据量第一，恶意程序样本

绪 论

总量超过200亿。[①]

如此颠覆，周鸿祎解决了真实的用户需求，使得周鸿祎成为"行业公敌"，但是却备受用户欢迎。对此，周鸿祎解释说道："商业的本质就是让人性得到释放，做产品同样如此。做产品，归根结底就是研究如何满足人性的最根本需求。这种'人性'有时是赤裸裸的，有时则经过掩饰和包装，隐藏在用户行为中。去发现这些本质，我一直觉得是一个出色的产品经理需要不断修炼的能力。"

虽然用户需求在不断地变化，但是解决真实的用户需求依旧是打造爆款产品的首要条件，即使在元宇宙火爆的2021年，周鸿祎依旧坚持"刚需、痛点和高频"。面对《经济观察报》记者邹永勤关于元宇宙的相关采访，周鸿祎回复说道："如果元宇宙真的到来，网络安全的定义就太狭隘了；因为随着数字化技术的发展，人类已经进入数字文明时代，我们面临的信息安全挑战已经从最初的计算机安全、网络安全，演进为数字化安全。而随着软件重新定义世界，在数字化安全时代，数字化威胁与现实世界交织融合，网络攻击将会对现实世界造成直接的伤害。在真正的元宇宙时代，网络威胁超越传统安全威胁，成为数字文明的主要的威胁之一。安全风险遍布数字时代的所有场景，直接影响国家安全、国防安全、经济安全、社会安全乃至人身安全。具体而言，数字

[①] 上方文Q.360安全卫士适配统一操作系统UOS：完全自主产权［EB/OL］.（2020-02-14）. https://news.mydrivers.com/1/672/672286.htm.

化安全面临七大复杂安全问题，八大场景下的安全挑战。所谓的七大问题，它们是指：应用安全、供应链安全、云安全、大数据安全、网络通信安全、物联网安全、新终端安全。而八大场景，则分别是：关键基础设施、工业互联网、车联网、能源互联网、数字金融、智慧医疗、数字政府、智慧城市。"

周鸿祎举例解释道："今年（2021年）发生的美国油管（You Tube）攻击事件，黑客的勒索攻击直接造成美国东海岸石油供给出现问题，汽油都加不了，直接让美国宣布国家进入紧急状态；又或者对于车企云端网络的攻击，有可能让正常行驶的汽车失控。前几天，特斯拉发生了断网事件，再一次证明了车企云端网络存在挑战。"

据周鸿祎介绍，360公司实际上从2014年开始就曾连续三次破解特斯拉的车联网系统，一旦黑客成功攻击车企云端网络，那么将会直接影响到每一位车主的人身安全。周鸿祎说道："我觉得，要想构建元宇宙，第一步要做的事，就是要构建好安全的基础设施。因为在元宇宙中，人类面临的网络威胁相比现在一个都不会少，反而会更加变本加厉，并极大地促进新型网络犯罪的发生。从这个角度来看，所有的安全挑战到了元宇宙时代都将上升到一个新的维度，威胁更广、伤害更大；这也从另一个侧面说明，数字化技术的发展和安全威胁永远是成正比的。"

对于元宇宙所幻想的虚拟现实，在线上构造超越线下的世界，周鸿祎直言，这还是需要很长一段时间才能到来。当然，如果说终极形态，

绪 论

周鸿祎所理解的元宇宙，它应该是一个把物理世界、虚拟世界和人类社会三者高度融合的世界。周鸿祎的理由有如下两个："首先，我始终坚持唯物主义，这个世界是物质的。随着数字化发展，我们要构建一个基于现实世界的数字孪生世界，它客观地反映物质世界。如果我们创建了一个真实的反映物质世界能量运动的数字模型，并且不断地走向完善，这个技术无疑可以推动人类社会更好地发展。其次，理想形态的元宇宙，它最主要的功能是能够帮助人类更全面地认识这个世界，反映这个物质世界。毕竟科学的目的就是更好地认识客观世界，以此改造世界。而人类始终还是要在物质的世界里面解决能源的问题，解决吃饭的问题，去工作，去生活。"①

对于目前炙热的ChatGPT风口，周鸿祎在接受《中国新闻周刊》采访时谈道："ChatGPT并没有被神话，甚至很多人还把它的能力弱化了。首先，ChatGPT不是供调戏的聊天机器人，更不是下一代的搜索引擎，它意味着强人工智能的出现，将给人类文明发展带来深远的影响。ChatGPT在短时间内就掀起了全球大讨论，足以看出它所表现出的能力多么令人惊讶。我相信，随着算力、数据和模型参数等全维度的持续增加，以及人们在使用过程中的持续'训练'，ChatGPT会变得越来越智能，未来使用ChatGPT将成为生活必备技能，不会使用的人会远远落后于会使用的

---

① 邹永勤.周鸿祎再谈"元宇宙"：文明内卷、数字化威胁，及元宇宙基础设施［N］.经济观察报，2021-11-24.

人。就像一个不会用搜索（的人）和一个会用搜索的人之间，存在巨大的差距一样。在我熟悉的安全领域，ChatGPT已经大大降低了网络攻击的门槛，让网络攻击活动更为猖獗。ChatGPT目前更准确的定位是一个辅助工具，黑客可以利用它来查找各种攻击代码，获得攻击工具。（ChatGPT）没准能帮助黑客提高工作效率。但是，ChatGPT本身并不能实施网络攻击，最终实施攻击的还是人，所以防范的措施没有改变，依然要先'看见'威胁再处置攻击。目前，科技公司的数字安全大脑可以有效应对各类网络攻击，足以面对ChatGPT带来的数字安全负面隐患。"[①]

《三六零安全科技股份有限公司2022年年度报告》数据显示，360公司与微软、谷歌等在通用人工智能大模型领域处于领先地位的国际巨头具有同质的先天禀赋优势，是开发自有大模型并提供商业化应用产品及服务的有利条件，具体表现在：

（1）数据积累优势

360搜索是中国搜索引擎的排头兵，市场份额约为35%，日均搜索点击量超过10亿次，累计抓取近万亿张网页及超过200亿条索引，具有国内领先的数据抓取经验和完整的数据优化体系。作为优质的预训练数据集，在网页端，360公司拥有15万个优质权威站点和逾18亿张优质页面；在自建知识库方面，360百科和360问答积累了近2,000万词条和逾

---

① 孟倩.专访周鸿祎：ChatGPT不是供调戏的聊天机器人[J].中国新闻周刊，2023（02）.

6亿问答对数据；在垂直数据库方面，360公司积累了超6亿篇文章、超9,000万篇精选摘要的文库和7,000万条题目的题库。

（2）用户流量和商业化场景优势

360拥有以PC安全产品和PC浏览器为代表的丰富的B/C端用户场景。根据艾瑞咨询的数据，截至报告期末（2022年12月31日），360公司PC安全产品的市场渗透率为99.68%，平均MAU（月活跃用户）为4.75亿，在安全市场持续位列榜首；360公司在PC浏览器市场渗透率为87.1%，平均MAU为4.16亿；移动安全产品平均MAU为3.15亿。公司于报告期内（2022年）推出的"360企业安全云"产品，已快速取得了100万+的用户覆盖和2,000万+的终端接入。

（3）技术和工程化优势

360的人工智能研究院从2019年开始一直在包括通用大模型在内的人工智能技术上有持续性的投入，相关技术应用已有效提升公司内部生产效率。目前，以"360新搜索"为代表的新一代AI产品矩阵，包括但不限于360浏览器、数字助理、苏打办公、智能营销等，已经或将陆续面向企业客户开启小范围定向邀约测试，其中"360新搜索"的测试体验得到客户的一致好评。公司擅长在基础底座上构建良好的用户产品体验，并能够依照中国用户习惯的方式进行产品的云化部署，同时具备较强的模型优化、加速的经验，在研发及工程化方面都具有一定的优势。

（4）安全优势

随着通用人工智能大模型的广泛应用，其相关产品研发和使用的安全风险持续上升，未来必将对内容安全、数据安全甚至国家安全产生深远影响。360公司作为中国数字安全领军企业、国内唯一掌握全网安全态势和超18年实战攻防经验的网络安全公司，以"看见"为核心的云端安全大脑网络安全能力体系创立者，通过多年来面向国家、政府、企业、个人提供大量安全产品和服务的经验积累，在AI安全领域具有强大的先天优势。

结合上述四个优势，360已经推出了基于自研生成式通用大模型360GPT的产品矩阵"360智脑"，具体为：

（1）面向C端：AI+搜索与AI+浏览器

对标NewBing，360公司拥有国内市占率前二的搜索引擎"360搜索"，通过将生成式AI技术融合于搜索引擎之中推出的"360新搜索"，将在保留传统搜索结果的同时，在界面右侧通过大模型对搜索结果的学习，为用户直接提供附带资料链接的、经过整理的、高度概括的结果；对标整合了NewBing的新版Edge浏览器，360公司拥有国内PC端浏览器市占率第一的"360浏览器"，通过融合AI技术，将推出具有AI小助手功能的"新浏览器"，可以实现根据用户的需求进行摘要、创作等功能。

（2）面向小B端：SaaS服务

2022年3月，360正式发布了"360企业安全云"产品，定位于企业级数字化安全与管理SaaS套装，面向之前被忽视的SME安全需求的蓝海市场，为SME客户提供免费服务；同年11月，公司上线了以"SaaS商店"为代表的SME企业服务产品，通过提供"360苏打办公""360亿方云""360视觉云""360幕印企业学堂"等自营产品及其他第三方办公产品，为SME客户提供一站式办公环境搭建服务。截至报告期末（2022年12月31日），360企业安全云已获得100万+用户覆盖和2,000万+终端接入，为后续以SaaS模式提供轻量化模型应用创造了广阔的用户基础。

（3）面向大B端：私有化部署

在面向G端和大B端客户的私有化部署方面，360公司具有强大的客户触达能力和整体解决方案实施能力。截至报告期末（2022年12月31日），360公司在中央部委的覆盖率为90%，在中央企业的覆盖率为80%，在大型金融机构的覆盖率为95%，在运营商的覆盖率为100%。同时，360公司在已落地和计划落地安全大脑项目的城市都已配建相应的城市业务经营主体，在为客户的安全大脑提供后续运营服务的同时，也将客户触手下沉到当地政府部门和企业。

由此可见，不管产品需求如何变，但是作为产品经理，只有读懂了人性需求，才能设计出解决刚需、痛点和高频的颠覆性产品。或许这才是周鸿祎被誉为"红衣斗士"，被用户怀念的关键原因。

第一部分

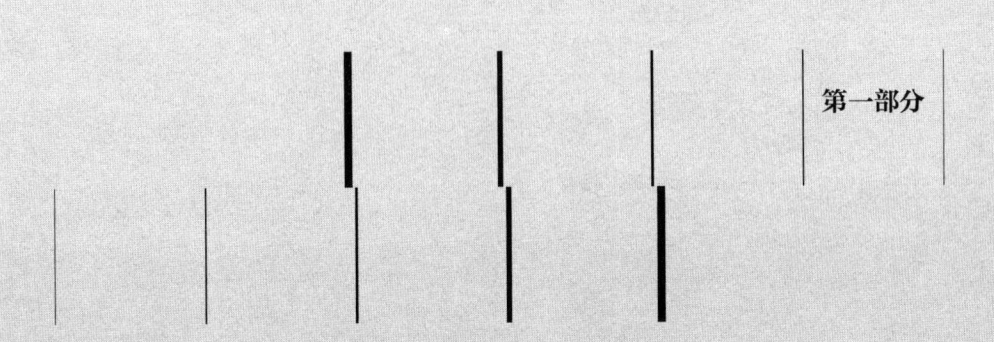

打造好产品需要洞察用户人性

如果你打算研发出一款脍炙人口的产品,务必关注三个关键性要素:刚需、痛点和高频。换言之,你的产品需要符合人性最根本的需求,能抓住用户痛点,并拥有较高频次的使用场景。

——360创始人 周鸿祎

第1章
好产品直接反映人性本质需求

在移动互联网时代，用户在选择产品时，由于可供选择的产品太多，可能不知道该如何选择。例如，各类电子商务网站的产品琳琅满目，令人眼花缭乱；苹果手机、安卓手机的App有几十万甚至上百万个，让用户"横看成岭侧成峰，远近高低各不同。不识庐山真面目，只缘身在此山中"。

面对用户选择问题，360公司创始人周鸿祎坦言："任何一个用户都会在网络上不断地进行切换和刷新。"

基于此，产品经理，尤其是创业者在打造一款产品时必须想清楚一个问题——在"乱花渐欲迷人眼"的诸多产品品类中，用户到底凭什么选中你的产品，并为之买单？

对于这个问题，周鸿祎在公开讲话中告诫产品经理时说道："（对于）这个话题，我不得不提到人性。一个好的产品，往往能够反映人性中最本质的需求，换言之，不符合人性的需求都是伪需求。"

商业本质归根结底是满足人性需求

一款好的产品，往往能够反映人性最本质的需求，即"站在用户的角度说，就是判断产品有没有解决用户的痛点问题、满足用户的需求。现在市场上的产品多样化、差异化明显，如果你的产品没有人需要的话，再多的广告、再多的市场营销策略，都是无用功。只有用户需要你的东西和服务，才会愿意为你的产品买单"。

周鸿祎在公开场合多次强调，产品经理，尤其是创业者设计研发和生产的产品，只有符合人性需求，才能赢得用户认可，否则功败垂成。据360官网介绍，360公司致力于成为互联网和安全服务提供商。360公司创立于2005年，是互联网免费安全的倡导者，先后推出360安全卫士、360手机卫士、360安全浏览器等安全产品。随着全社会、全行业数字化程度的深化，"大安全"时代加速到来，360以"让世界更安全更美好"为使命，致力于实现"不断创造黑科技，做全方位守护者"的愿景。十余年来，360公司深耕安全行业，拥有安全人才3,800余人，培养和集聚的"白帽子军团"，具备出色的漏洞挖掘与攻防对抗能力。同时公司积累了丰富的安全大数据，以及近万件原创技术和核心技术专利。

2014年以来，360持续输出高级威胁情报，累计发现40余个针对中国的境外APT组织，侦测到多次使用在野0day漏洞的APT攻击。2018年回归A股市场后，360公司在确保原有互联网安全服务及各项主营业务有序开展的同时，持续通过技术创新，推出分布式智能安全系统——"360安全大脑"，并以此构建了大安全时代的整体防御战略体系。[①]

《三六零安全科技股份有限公司2022年年度报告》数据显示，360公司2022年全年共实现营业收入人民币95.21亿元，见表1-1。其中互联网广告及服务收入为人民币47.10亿元；智能硬件业务收入为人民币18.88亿元；互联网增值服务收入为人民币10.82亿元；安全及其他业务收入为17.91亿元。[②]

表1-1 360公司2020—2022主要会计数据

单位：千元　币种：人民币

主要会计数据	2022年	2021年	本期比上年同期增减（%）	2020年
营业收入	9,520,834	10,885,832	（12.54）	11,614,731
扣除与主营业务无关的业务收入和不具备商业实质的收入后的营业收入	9,448,852	10,821,195	（12.68）	不适用
归属于上市公司股东的净利润	（2,203,547）	902,239	（344.23）	2,912,505
归属于上市公司股东的扣除非经常性损益的净利润	（1,864,420）	608,304	（406.49）	2,546,767

---

① 360官网.公司简介［EB/OL］.（2023-05-28）.http://www.360.cn/about/index.html.
② 三六零安全科技股份有限公司2022年年度报告［R］.（2023-04-22）.

续表

主要会计数据	2022年	2021年	本期比上年同期增减（%）	2020年
经营活动产生的现金流量净额	557,326	165,582	236.59	1,942,970
	2022年末	2021年末	本期末比上年同期末增减（%）	2020年末
归属于上市公司股东的净资产	31,733,458	35,006,521	（9.35）	36,825,916
总资产	38,615,763	42,039,484	（8.14）	44,261,773

360的产品之所以能够赢得用户的认可，一个关键是周鸿祎洞察到其产品的巨大刚性需求。在中国，网民数量已经超过10亿，其潜在的商业价值自然不容小觑。

2023年3月2日，中国互联网络信息中心（China Internet Network Information Center，简称CNNIC）发布第51次《中国互联网络发展状况统计报告》，数据显示，截至2022年12月，中国网民规模为10.67亿，较2021年12月新增网民3,549万，互联网普及率达75.6%，较2021年12月提升2.6个百分点，[1]见图1-1。

该报告还提到，截至2022年12月，中国手机网民规模为10.65亿，较2021年12月新增手机网民3,636万，网民中使用手机上网的比例为99.8%，[2]见图1-2。

---

[1] CNNIC.中国互联网络发展状况统计报告［R］.（2023-03-02）.
[2] CNNIC.中国互联网络发展状况统计报告［R］.（2023-03-02）.

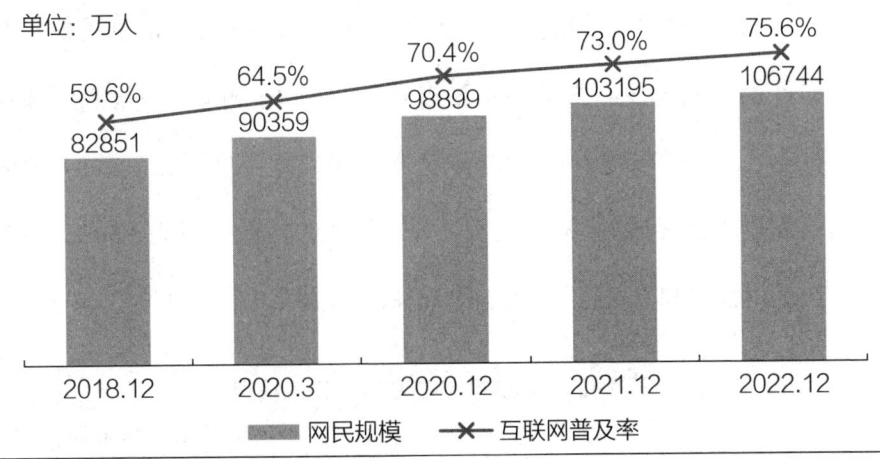

单位：万人

时间	网民规模	互联网普及率
2018.12	82851	59.6%
2020.3	90359	64.5%
2020.12	98899	70.4%
2021.12	103195	73.0%
2022.12	106744	75.6%

来源：CNNIC 中国互联网络发展状况统计调查　　2022.12

图1-1　截至2022年12月中国网民规模和互联网普及率

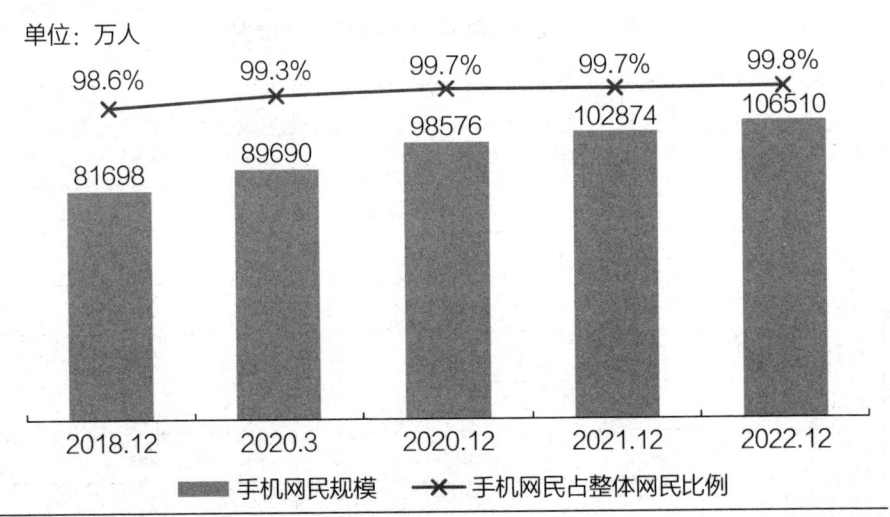

单位：万人

时间	手机网民规模	手机网民占整体网民比例
2018.12	81698	98.6%
2020.3	89690	99.3%
2020.12	98576	99.7%
2021.12	102874	99.7%
2022.12	106510	99.8%

来源：CNNIC 中国互联网络发展状况统计调查　　2022.12

图1-2　截至2022年12月中国手机网民规模及占整体网民比例

面对如此庞大的用户群体，只有满足用户的需求，才能真正地提升用户对产品的满意度。为了开发客户满意的产品，360公司投入巨额资金。根据《三六零安全科技股份有限公司2022年年度报告》数据，360公司研发投入已经达到33.14亿元，公司研发人员的数量为3,602，研发人员数量占公司总人数的比例为55.58%，[①]见表1–2、表1–3。

表1–2　2022财年360研发投入情况

单位：千元

本期费用化研发投入	3,313,910
研发投入合计	3,313,910
研发投入总额占营业收入比例（%）	34.81

表1–3　2022财年360研发人员情况

公司研发人员的数量	3,602
研发人员数量占公司总人数的比例（%）	55.58
研发人员学历结构	
类　　别	人　　数
博士研究生	21
硕士研究生	790
本科	2,389
专科	360
高中及以下	42

[①] 三六零安全科技股份有限公司2022年年度报告［R］.（2023-04-22）.

续表

研发人员年龄结构	
类　　别	人　数
30岁以下（不含30岁）	1,223
30–40岁（含30岁，不含40岁）	2,044
40–50岁（含40岁，不含50岁）	325
50–60岁（含50岁，不含60岁）	10
60岁及以上	0

巨额的研发投入，加上对人性需求的洞察，周鸿祎由此打造了360系列产品。自媒体"蝌蚪互娱"联合创始人席文奕在《循序渐进的增长黑客指南：找到产品和市场的最佳契合点PMF》一文中提出要找到产品和市场的最佳契合点，需要用到"产品–市场匹配"（Product–Market Fit，简称PMF）分析。为了分析产品和市场的关系，蝌蚪互娱专门利用精益画布解读了产品商业模式设计的过程，并与PMF的过程路径对比，见图1–3。

蝌蚪互娱提出，精益画布左侧产品商业模式的设计过程，其实就是设置一个CPS（客户Customer，问题Problem，解决方案Solution）假设。如果我们要找到PMF，那么意味着我们必须验证这些假设：（1）顾客（Customer）——你是否明确你的产品的目标客户。（2）问题（Problem）——你的目标客户可能遇到了你认为存在的问题/痛点/需求。（3）解决方案（Solution）——你的目标客户会使用你的产品解决方案并会为此付费。简而言之，精益画布的CPS假设说明了，如果有足够多的用户愿意为你的解决方案付费，那么你的 PMF 点就算是找到了，即产品与市场匹配了。①

问题 最需要解决的 三个问题 P	解决方案 产品最重要的 三个功能 P	独特卖点 用一句简明扼要 但引人注目的话 阐述为什么你的 产品与众不同、 值得购买 P	门槛优势 无法被对手轻 易复制或者买 去的竞争优势 M	客户群体分类 目标客户 C
	关键指标 应该考核 哪些东西 P		渠道 如何找到客户 C	
成本分析 争取客户所需花费 销售产品所需花费 网站架设费用 人力资源费用等 M			收入分析 盈利模式 客户终身价值 收入 毛利 M	
产品			市场	

图 1-3　精益画布分析产品与市场匹配

对此问题，周鸿祎在公开场合告诫创业者说道："商业的本质就是让人性得到释放，颠覆性创新也不例外，归根结底就是怎样满足人性需求。有些人是懒惰的，如果东西做得很简单，就愿意去用；有些人是贪

---

① 席文奕.循序渐进的增长黑客指南：找到产品和市场的最佳契合点 PMF［EB/OL］.（2018-09-14）.http：//www.woshipm.com/it/1409863.html.

便宜的，如果东西做得便宜，甚至做得免费，就愿意去用。专卖店里半价甚至1折促销，不管哪国人，都会买一堆不用的东西回家，这是人性在起作用。"

在周鸿祎看来，"产品与市场匹配"的前提就是满足人类"七宗罪"需求。对于360产品的成功，周鸿祎在内部讲话中介绍说道，（作为用户）最本质的需求（依然必须满足）人类原始的本能欲望。

人性弱点大致有懒惰、贪婪、暴食、妒忌、傲慢等。在这里我们来介绍一下产品设计与这些弱点的关系。

第一，懒惰。如果从产品层面而言，产品经理应当重点关注人性弱点之一的懒惰。周鸿祎认为，与性本能相反的是，懒惰阻碍了用户的一切心理活动和行为活动。其表现在心理上就是一种厌倦情绪，导致用户的思想麻木，甚至约束用户的一切行为，使得用户只想做简单的事情，或者不想做事情，只想休息和享受。

作为创业者，在设计产品时需要满足如此的需求。周鸿祎举例说道："互联网的存在，就是让用户能更'懒'地完成事情，世界为'懒'人而创造，科技因'懒'人而进步。如今的很多智能硬件，也都是为了能够满足用户在某一具体层面的懒惰需求。"

任何事情都有两面性，正是因为很多产品设计是基于人类懒惰的本性，所以用户的生活变得更简单和便捷。例如，2017年国内市场上十分火热的共享单车，就解决了很多上班族用户从地铁站、公交站到企业的

"最后一公里"问题,"摩拜"就是其中的一个经典案例,不仅赢得了用户,甚至还得到风险投资者的认可。

2014年11月的某晚,在一次私人聚会上,蔚来汽车创始人、投资人李斌与摩拜单车创始人胡玮炜聊天说道:做个随处都能借的自行车,借完了随处停,手机扫码开车锁,骑一次手机上付一块钱。

听到这个想法,胡玮炜感叹道:"这个想法太牛了,有一种被击中的感觉。"胡玮炜当即决定要和同在现场的汽车设计师陈腾蛟一起把这个商业想法落地。这场头脑风暴激发了各位在场创业者的商业想象,即使是"Mobike(摩拜)"这个企业名字,也是当时李斌一气呵成所起的。"摩拜",是李斌把英文mobile(流动的)和bike(自行车)拼接起来形成的,中文像顶礼膜拜中的"膜拜"的谐音。

然而,当"摩拜"遭遇瓶颈后,当初的合伙人就有人开始退出了。2014年底,创业合伙人陈腾蛟带着一个设计团队退出了摩拜。在陈腾蛟看来,该项目实在太难了,事实也是半年过去了,摩拜单车的模型依旧没有设计出来。

2015年初,创始人胡玮炜打电话给原福特汽车亚太区产品规划和开发经理夏一平,其后又约见了李斌。在面谈中,胡玮炜提到的"共享单车"打动了原来打算做"共享汽车"的夏一平。就这样,夏一平加盟了摩拜单车,并担任CTO一职。

此后,汽车专业出身的王超和前摩托罗拉的工程师杨众杰,虽然对摩拜单车产品不了解，但是被创始人胡玮炜讲述的故事所感染，毅然加盟摩拜单车，分别担任摩拜单车的设计和摩拜智能锁设计工作。据《智族GQ》报道，王超在摩拜单车的设计上，可谓呕心沥血，花费的工夫甚至比经营自己公司还要多。究其原因，胡玮炜打动王超的是她的淡泊功利。在王超看来，这正是极客真正向往、创业圈少有的创业者。

为了让"共享单车"落地，王超设计的摩拜单车使用的是实心轮胎，无链，单车的外表耐磨，且不容易受到磨损，符合胡玮炜四年不用维修的初衷。

如此超前的设计，无疑需要面对没有工厂能够代工生产的窘状。2016年初，在工程师徐洪军的建议下，胡玮炜与摩拜CEO王晓峰一起开始寻找工厂、购买设备，甚至招聘工人自建生产线。

据胡玮炜介绍，摩拜单车项目从想法萌生、资本投入、产品设计到投入量产，每一个环节中都有比创始人胡玮炜更为关键的人物。胡玮炜自称，在这串串珍珠中只是起到了一个讲好"共享单车"故事，以及把这些人物"忽悠"入局、串联起来的那根绳子的作用。幸运的胡玮炜，在创立之初，摩拜单车就获得李斌146万元的天使投资，2015年10月完成A轮数百万美元的融资，投资方为愉悦资本。此刻，摩拜单车依旧被卡在如何量产的坎上，愉悦资本创始人刘二海认为，有李斌的背书，投资摩拜单车自然不会错。

摩拜单车融资成功后，天使投资人李斌盛情邀请王晓峰加盟摩拜，"空降"到摩拜单车担任CEO，成为摩拜单车"联合创始人"，获得20%的股份。

天眼查公开的信息显示，摩拜单车注册资本为500万元，胡玮炜出资180.6万元，占36.12%；除了初创时投入146.25万元的李斌占29.25%，后期加入的CEO王晓峰和联合创始人兼CTO夏一平各占20%和14.63%。

与格力电器董事长董明珠类似的是，摩拜单车创始人胡玮炜亲自上阵，自己成为摩拜单车的代言人。虽然胡玮炜没有董明珠的强势和霸气，但是胡玮炜却贴着"女文青""80后美女创始人"的标签，成为名副其实的摩拜单车代言人。

不管是董明珠，还是胡玮炜，她们都深知，一个讲故事的好手不仅可以提升企业自身的形象，同时还可以提升用户的忠诚度。

基于此，与多数人善于陈述商业模式不同，作为媒体人出身的胡玮炜更擅长讲创业故事。在"一席"现场演讲中，胡玮炜直言："如果失败了，就当做公益。"因为胡玮炜知道，创业成功的概率很低，正因为如此，胡玮炜的观点得到众媒体的广泛传播，打动的不仅仅是用户，同时也有投资人。

对于商业模式，胡玮炜坦言："商业模式不一定非要找，不论是对社会还是对个人，只要做的事情非常有意义，非常有价值就可以。"正因为胡玮炜有一个好的故事,才赢得了多轮融资,见表1-5。

表1-5 摩拜单车的融资

时　间	轮次	金　额	投资方
2015年10月	A轮	数百万美元	愉悦资本
2016年8月	B轮	数千万美元	熊猫资本、愉悦资本、创新工场
2016年8月	B+轮	数千万美元	创新工场、祥峰投资
2016年9月	C轮	1亿美元	红杉资本、高瓴资本
2016年10月	C+轮	——	高瓴资本、华平资本、腾讯、红杉资本、启明创投、贝塔斯曼
2017年1月	D轮	2.15亿美元	腾讯、华平资本、携程、华住、TPG德泰资、红杉资本、启明创投、愉悦资本
2017年1月	战略投资	——	富士康
2017年2月	战略投资	——	淡马锡、高瓴资本

截至2017年2月,摩拜单车的融资总额近4亿美元,其估值过百亿。此刻的摩拜单车,就是一个名副其实的"独角兽"。

身披"独角兽"光环的胡玮炜,以个人形象代表摩拜单车出席更多公开场合。2017年1月13日,胡玮炜和另外6名不同专业、领域的专家、企业家受邀参加总理主持的座谈会;2017年3月11日,参与央视《朗读者》录制……

回顾当初,据胡玮炜介绍,创立摩拜时,想得更多的是实现"美好的生活方式",让人们在城市的出行中更轻松,而不仅仅只是财务自由。

在这样一个近乎完美的创业案例中,值得一提的是,摩拜单车产品自身的解决方案就是解决用户"最后一公里"的问题，即摩拜单车这个产品设计初衷就是解决用户比较懒（不愿意走路）的问题。

一般地，按照设计，地铁距离居民区往往较近，远的一两千米，近的可能也就100米、200米、300米，往往走3~15分钟就可以到达。走路到地铁不仅方便，还能锻炼身体。但是，共享单车的成功，就是抓住一部分用户人性中"懒"的一面，他们非常愿意使用共享单车来解决"最后一公里"的问题。

对此，周鸿祎坦言，很多产品体验都是从人性懒惰的假设出发，让用户用最简单的操作完成需要的功能。比如360手机助手这类应用商店，还有以前互联网时代的很多下载网站，为什么能获得用户的认可？因为用户想用什么软件、App，直接去搜一下，然后点击下载安装就可以了。如果没有应用商店，用户只能去厂商的官网上下载，很多公司的官网网址用户也不见得记得住，想对比选择一下哪个软件好非常不方便。

由此可见，帮用户解决麻烦，省去麻烦，必须建立在用户有惰性的基础之上。究其原因，用户喜欢舒适、安逸的生活方式。

但是仅此是不够的，在懒惰的同时，用户又受不了懒惰带来的无聊、烦躁。为了排遣无聊，用户会尝试寻找更好玩的事物消磨时间、发展自己的兴趣……为了解决用户这类无聊的需求问题，各种游戏产品应运而生。周鸿祎说道："从早年的红白机（家用游戏机），到后来的网络游戏，再到现在的手游、页游，游戏产品凭借其消磨时间、好玩、易获得快感、易沉迷的特性，赢得无数懒人的青睐，顺便也打开了他们的钱包。"

第二，贪婪。

所谓"贪婪"，仅仅从字面上理解，就是渴望而不知满足。在《楚辞·离骚》中曾记载："众皆竞进以贪婪兮，凭不厌乎求索。"东汉文学家王逸注释道："爱财曰贪，爱食曰婪。"

基于此，作为产品经理的周鸿祎却从中总结出吸引用户的两大关键词——贪小便宜和免费。

（1）贪小便宜。

对于用户的贪小便宜，周鸿祎举例微信摇一摇红包。红包本是中国的一大习俗，微信团队从人类贪婪的本性出发，将这个小功能玩出了新意思、新高度。微信摇一摇红包的关键并不在于你抢到了多少钱，而是充分利用人类贪小便宜的本性，哪怕一分钱的红包（苍蝇再小也是肉）也让无数群众冒着手臂脱臼的风险，捧着手机玩命摇。

周鸿祎的观点还是很客观的。有的手机为此专门设计了一个抢红包功能，遇到发红包这个功能就自动帮助用户抢。这个功能成了很多手机的加分项。

为了揭示商场促销与消费者选择之间的联系，麻省理工学院曾经做过一个实验。在该实验中，参与者一旦发现某样东西在打折促销，往往容易丧失理智和辨别能力，甚至是蜂拥而上，购买一堆短时间内压根儿用不着的商品。

例如，当年惠普公司做平板电脑，每台售价是399美元，好几年没卖出几台。后来，惠普公司宣布不再生产这款产品，决定清仓甩卖，每台售价定为99美元，结果不到一天全美的存货一抢而空。这说明降价是可以清空库存的。

麻省理工学院得出的结论：导致用户购买暂时无用的商品的一个重要因素，就是用户贪小便宜的心理，女性用户对此更为显著。这种消费心理更多表现在家庭主妇身上。在购买商品时，如自己所购物品比他人更价廉物美，女性往往就会有一定的成就感，就会为自己所体现出来的理财能力而感到欣喜。因此，女性在购买商品时，往往会不厌其烦地挑选，全面衡量其利弊得失。[1]

事实上，女性顾客贪利的心理表现在很多方面。例如：商家打折可以吸引更多女性顾客，让利会让老顾客更动心，赠品丰富会增加新顾客的数量，也会让绝大多数的女性顾客感兴趣，这就是人爱贪利的消费心理。这就是现在无论是大店铺、专卖店，还是小卖店，赠送、抽奖、打折让利的活动天天都在做的原因，目的就是让女性顾客处处被利好的消息包围。虽然活动已经让经营者疲惫，让女性顾客感觉到厌烦，但是女性顾客在购物时还是习惯有"打折"的购买氛围。

---

[1] 张艳萍.女性消费心理与营销策略［J］.中国市场，2007（05）：70-71.

在打折方面，20世纪30~40年代的上海永安百货就因此名声大振。在创始人之一、总经理郭乐看来，货无常势，畅销与滞销总是相对的，尤其季节转换时，商品销售状况势必发生剧烈波动。针对这种状况，郭乐一年设置五次大减价期，四季开头各一次，加上"开幕周年纪念"一次，借机脱手各种滞销商品。永安公司平时坚持货无二价，而一到减价期，除香烟、罐头食品等少数利薄商品不打折扣外，其他商品一律减价，少数落令商品对折销售，即使是热销商品，也降价出售。郭乐认为，只有把热销商品也减价出售，才能使顾客相信，公司是"亏本酬宾、货真价实"，从而掀起抢购热潮。事实证明，这确实是经验之谈，每逢减价期，公司生意都分外兴隆，许多滞销或即将滞销的商品往往一销而空，营业额竟达平时数倍。当然，郭乐是不会干亏本生意的，他只不过是把平时"少卖多赚"的方针，临时改为"薄利多销"而已，但是由于运用得当，不仅拢住了高端消费群体，而且争取到了社会广大中低端消费群体。[1]

（2）免费。

一般地，贪小便宜是让用户觉得商家让他间接地赚到了。免费就截然不同，是将"贪小便宜"做得更极致。因为以前本来要用户花钱的，现在却不用花钱，相当于用户直接就赚到了。目前，很多电商在APP上

---

[1] 韩淑芳.老上海[M].北京：中国文史出版社，2017：60-61.

通常有一个签到功能。可能读者会问：该功能有什么用呢？当然是引导用户二次或者多次购买。

一般地，签到功能要么可以抽奖，要么送一些平台币或者积分，这些币或积分可以用来兑换代金券或者其他优惠项目。当然，此类功能尽管不能解决用户的某种刚需，但是却提升了用户活跃度，一旦用户每天都上去签到，说不定签完了随便看几眼上面的商品，就忍不住"剁手"购买了。

曾经专门做过一个实验，发现一样东西一旦免费，人们就容易丧失理智和辨别能力，蜂拥而上、占为己有。

在中国众多的互联网产品中，很多产品的成功就是靠免费，不用支付任何费用就可以使用的产品用户自然乐意试试，比如，QQ和微信。

回顾360公司的发展，我们发现，360早期的发展同样依托免费策略，让用户免费体验。周鸿祎曾讲道："前些年有很多人骂我是行业的破坏者，现在骂的人少了很多，在'免费大战'中活下来的，大多尝到了免费的甜头。"

第三，暴食。

对于用户而言，很难抵御美味的强大诱惑力。因此，一些美味分享类、生活分享类网站，就是为了满足用户喜好美食的本性。例如，美团外卖和饿了么等外卖平台的兴起，正是看准了人性中懒惰与暴食的两大弱点，并将二者巧妙结合。

在仿膳饭庄官网，我们看到许多制作精细、形色美观的菜品。例如，"松鼠鳜鱼"这道菜。根据介绍，松鼠鳜鱼是江苏十大经典名菜之一，因外形和松鼠爱吃的松子颇为相像而得名，菜肴色泽诱人，外皮酥香，鱼肉鲜嫩，酸甜适口。清代乾隆皇帝下江南时，就曾在苏州对"松鼠鳜鱼"盛赞不已，现今此菜因其独特的造型和鲜美的口味深受全国各地食客的喜爱，是仿膳的一道经典菜肴。①除了中餐馆，西餐店的广告也同样让人垂涎欲滴。

第四，妒忌。

妒忌是人性的弱点。周鸿祎认为，人类是一种以自我为中心的生物，自恋自爱，追求优越感，期望他人关注自己，如果自己拥有的比别人多，就不由得产生出优越感，觉得自己高人一等。但与此同时，人类还容易妒忌别人，当别人拥有的比自己多且好时，就希望自己做到更好，超过别人。

其实，这样的逻辑源于美国著名社会心理学家亚伯拉罕·哈洛德·马斯洛（Abraham H.Maslow）的需求理论。根据马斯洛的需求理论，人的需求分别为生理需求、安全需求、社交需求、尊重需求和自我实现需求五类，由较低层次到较高层次，见图1-4。

---

① 仿膳饭庄.松鼠鳜鱼［EB/OL］.（2021-06-23）.https：//www.fangshanfanzhuang.com/html/characteristics/.

```
         ▲
        ╱ ╲
       ╱自我╲
      ╱实现需╲
     ╱───求───╲
    ╱  尊重需求 ╲
   ╱────────────╲
  ╱   社交需求    ╲
 ╱────────────────╲
╱    安全需求       ╲
────────────────────
     生理需求
```

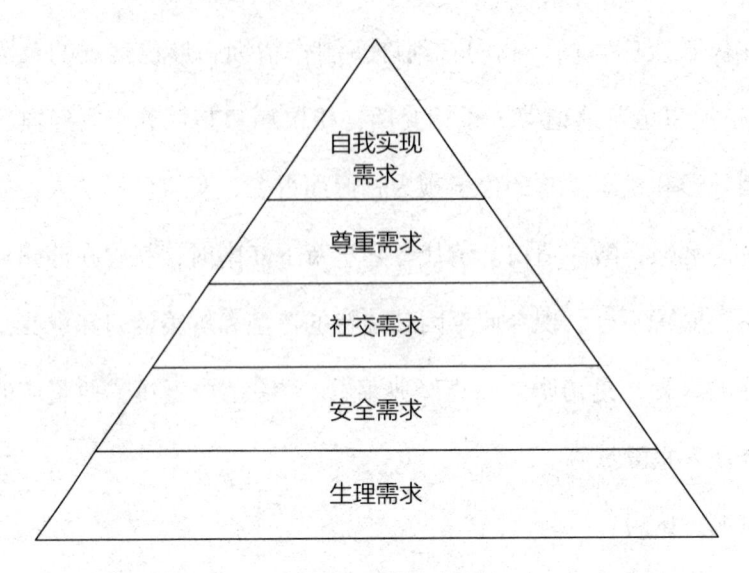

图1-4　马斯洛的五个需求层次

马斯洛的需求理论显示，当人解决了最基本的生理需求和安全需求，更高层级的需求就凸显出来。表现在用户对产品的需求上就是，用户熟人圈层里的其他人用上更为奢侈的产品时，用户内心的嫉妒心动因更为强烈。正是利用人类的这种妒忌心理，在产品设计与销售时，我们把产品分成了高中低档，用营销手段告诉用户他们值得拥有更好的产品。

第五，傲慢。

在诸多产品设计中，周鸿祎直言，妒忌和傲慢这两点被游戏产品和社交产品的产品经理们应用得出神入化。周鸿祎分析称：在游戏中，产品经理们利用各类头衔、勋章和荣誉值不断地刺激用户打怪升级；当用户觉得循规蹈矩地打怪升级太费力时，产品经理们又利用人的惰性，提供一种最为直接的方式——充值买更好的装备。

在周鸿祎看来,在社交社区产品中,几乎所有自我展示类产品或功能都可以利用妒忌和傲慢来理解。周鸿祎举例说道:比如用户在各种社交应用上晒自拍、秀美食、分享购物和旅游等信息,无不是在炫耀和宣扬自己的优越感。另一些用户看了,有了妒忌心理,自然而然也会寻找机会去晒、去表现。尤其是一些女性喜欢通过外貌表现自己,获得他人的赞赏,即使那不是真实的自己。正因为如此,美图秀秀等照片美化App大行其道,美图公司甚至借此上市,女性用户的力量可见一斑。QQ可算是最先利用人性的虚荣感需求获得盈利的社交产品——用户通过充值获得会员身份标识,等级升级加速,还有红钻、蓝钻、绿钻等会员服务和高级功能让会员用户优越于普通用户。

拒绝往一个根本不存在的市场里砸钱

在公开场合,周鸿祎经常告诫创业者:我们看到每年市场上会出现无数失败的产品。这是为什么?产品做得失败的企业需要反思,你是否真的找到了用户的需求。

产品顾问乔克·布苏蒂尔(Jock Busuttil)提道:"企业最愚蠢的行为,就是往一个根本不存在的市场里砸钱。"对此,周鸿祎说道:"按我的话说,就是你看到的需求其实是一个伪需求。现在各种智能硬件,摸起来光滑，但是忽略了一个前提，用户不想买这个东西，因为没有需求。没有需求，解决的不是痛点，就是伪需求。做产品最大的限制不是体验不好，体验不好可以改，最大的问题是伪需求。我们想想有多少智能硬件的发布会都是跳过用户需求，假定说用户热爱我的产品，用户每天都会用，只谈材质、外形和工艺，这是错的。还有一些产品有没有需求呢？有，但是没有它，用户也可以过，我管它叫痒点，而非痛点。任何伟大的战略都是从这么一个小点切入。有人老吹牛说什么战略，其实战略就是找到用户的刚需和痛点，然后做一个产品解决它。至于解决得好和更好，这是体验的问题。"

很多企业无法聚焦用户需求，问题就出在，在产品开发之前，没有解决不确定性的问题。因此，在开发任何产品之前，创业者需要进行严格的假设和调研，找到刚需，找到痛点。

不可否认的是，正是因为产品经理看到人性中的某些阴暗面，才把产品做到令用户"欲罢不能"。当然，也有一些产品经理无视这一准则，使得每年都会有无数的失败产品。周鸿祎坦言："做产品，归根结底就是研究如何满足人性的最根本需求。"

周鸿祎举例：有一年，一个运营商推CDMA手机，找了很多卖点，最早说叫绿色无辐射或者辐射少，这个卖点好不好？很多人一定说好，绿色是主旋律，手机有辐射，打多了有损健康，为什么这个卖点没有成功呢？是因为用户对手机辐射的感受是不直接的。你拿一个CDMA手机打电话，能知道辐射大小吗？其实你是没有感知的。在非用户体验的时代，很多产品热衷于找卖点，主要策划卖点，就是忽悠用户的，卖点怎么传播呢？卖点通过广告教育用户，通过在卖场一对一忽悠用户灌输，把用户忽悠到手，用户交了钱，产品拿回家了。宣传卖点说产品有九大功能，可以干十个事，但是用户买回家一个都不用，有体验吗？用户不用的东西，没有体验。

周鸿祎直言这样的营销策略并非唯一一个，也不是最后一个。周鸿祎认为，虽然靠强大的广告，忽悠卖点的做法，在一些行业还是会存在，但这个时代会逐渐过去，有了互联网用户不再是被动的弱者，可以获得更多体验的交流。用户能够感受到的好处才叫卖点。当你在家里策划卖点的时候，它是真的吗？它是事实吗？它是不是用户能够感知到的东西？后来那家运营商又找到一个卖点：可以防窃听，安全保密。但是如果我们问用户：你们的电话被别人窃听了吗？大家会讲，我是什么人，别人怎么会窃听我的电话；就算窃听了，无所谓，我的电话没有什么不好的内容。你觉得窃听是用户被感知的点吗？就算用户的电话被窃听，他们也不知道，也不能证明用了这个手就能不被窃听，所以这个卖点依然失败了。

鉴于此，周鸿祎也在反思自己的产品策略：我们也有过失败的教训，曾经有用户匿名提要求：我需要一个密盘，我放在密盘的那些图片都需要加密。我们就做了一个功能叫360密盘，最后找到了几万名用户，这几万名用户确实很忠实，他们确实有这种需求，但是对绝大多数用户来说，这是一个伪需求，是用户用完了没有感知的需求。要做用户可以感受，而且可以强烈感知和认同的需求。

在周鸿祎看来，这些失败的产品背后，往往都有着一群失败的产品经理，他们看到的需求根本不符合人性，是彻头彻尾的伪需求。摩托罗拉的铱星产品就是其中一个。

20世纪90年代，摩托罗拉在中国的市场占有率高达60%以上，然而在2007年，其市场份额已经跌至12%，其后，摩托罗拉业务被出售，一代枭雄就此落幕。

对于摩托罗拉的溃败，2008年《商务周刊》报道称，仅在10年前，摩托罗拉还一直是引领尖端技术的卓越典范，享有全球最受尊敬公司之一的尊崇地位。它一度前无古人地每隔10年便开创一个工业，有的10年还开创两个。成立80年来，它发明过车载收音机、彩电显像管、全晶体管彩色电视机、半导体微处理器、对讲机、寻呼机、大哥大（蜂窝电话）以及"六希格玛"质量管理体系认证，它先后开创了汽车电子、晶体管彩电、集群通信、半导体、移动通信、手机等多个产业，并长时间在各个领域中找不到对手。但当这些工业兴盛起来，进入寡头竞争的成熟阶段之后，它却遭遇一次又一次重大的挫败。1974年，它退出电视机行业，1998—2008年，它又一口气在10年间退出了自己所开创的半导体、汽车电子——这些业务在它的手上陷入困境，它一旦撒手往往又起死回生。2011，摩托罗拉将手机业务出售给了谷歌，后谷歌将其转卖给联想。这家美国"国宝级"公司究竟是如何走到今天这一步？回溯摩托罗拉盛极而衰的历程，我们可以看到太多的教训，比如，过于自负的一代技术霸主如何失去对未来的把控能力；一家拒绝开放式竞争的精英型企业如何在新的游戏规则中进退失据；一场笨拙的自救，如何非但没有除其积弊，反而自乱阵脚导致速败。[1]

《商务周刊》的报道直击要害，其失败背后的战略逻辑却是没有满足人性的最根本需求。这才是导致摩托罗拉落幕的主要原因。2003年，摩托罗拉手机的市场份额早已被诺基亚超越。来自中国电子信息产业发展研究院（China Centerfor Information Industry Development，缩写CCID）的数据显示，2003年，作为前五大手机厂商的诺基亚、摩托罗拉、三星、西门子和索尼爱立信占据市场主体地位，占据超过70%的市场出货份额。其中，诺基亚凭借34.70%的市场占有率位居榜首，而摩托罗拉的市场份额则有所萎缩，降低到14.50%。其后，摩托罗拉手机的销量开始下滑。

摩托罗拉与诺基亚的竞争，以诺基亚的胜利宣告结束。20世纪90年代初，作为欧洲通信制造商的诺基亚，为了争夺控制权，积极地研发GSM。相比诺基亚，摩托罗拉的战略布局更加大胆，在构建新一代卫星移动通信星座系统计划的同时，还把大量的技术人员调往"铱星"部门。

---

[1] 冯禹丁.摩托罗拉失落的十年［J］.商务周刊，2008（10）：32-42.

回顾铱星计划，该计划始于1987年。为了提升用户的通信体验，受美国铱星公司（摩托罗拉对该公司进行了重大投资）委托，摩托罗拉公司设计通过发射77颗环绕地球的低轨卫星有效地构成一个覆盖全球的卫星通信网，比由特斯拉创始人埃隆·马斯克（Elon Musk）在2002年创建的SpaceX早15年。

众所周知，铱星计划的优势是，不需要建设太多的专门地面基站，用户都可以直接在地球上任何地点进行有效通信。该事件曾被评为当年全球十大科技新闻之首，足以证明其全球影响力。

虽如此，1998年，当耗时11年，投资50多亿美元后，摩托罗拉构建的这个全球首个大型低轨卫星通信系统，也是全球最大的无线通信系统运营却陷入了僵局。

究其原因，是由于铱星系统卫星之间直接通过星际链路传送信息，虽然用户通话时不依赖地面网络，但是也间接地导致了系统风险大、成本过高，甚至其维护成本比地面接收网络还要高很多。仅仅用于整个卫星系统的维护费，一年就需要投入几亿美元，加上铱星手机的价格每部就高达3,000美元，以及高昂的通话费用，使得铱星电话不再是面对普通用户的产品，在投放市场的前两个季度，在全球仅仅只有1万用户，直接导致铱星公司前两个季度的亏损高达10亿美元。其后，铱星手机虽然降低收费，但是仍未能扭转颓势。

《商务周刊》的报道复盘了摩托罗拉的败局，发现摩托罗拉高估了自己实现铱星构想的效率。原计划于1995年投入运营的铱星系统，由于技术太复杂和融资等方面的原因，直到1998年11月才投入运营。在这期间，全球移动电话的普及率快速提升，1992年是超过25%，2000年是超过45%。早期的技术问题也早已得到解决，"人们需要铱星"的理论基础和市场基础都已经不复存在，摩托罗拉早就应该"壮士断腕"及时止损。但摩托罗拉却选择继续坚守这个已经明显不合时宜的"让地球村真正变小"的技术理想。历时12年，耗资50多亿美元，由66颗卫星组成的铱星系统正式投入商业运营后，摩托罗拉原本预期到1998年底拥有5万用户，但却仅有1万用户愿意买单，直到其破产时也只有5.5万名用户。铱星一年的运营维护费用高达数亿美元，要想实现盈利最少需要65万名用户。摩托罗拉原本预计到2000年铱星系统收入将达到26亿美元，但1999年第一季度，铱星系统亏损已达5.05亿美元。2000年3月，美国联邦破产法院宣布背负40多亿美元债务的铱星公司破产，留下一堆至今还没有结果的财务官司和66颗在太空游荡的美丽卫星。而此后，由于种种原因，直到2001年，拥有铱星公司17.7%股份的摩托罗拉才从这个巨大的无底洞中抽身。2008年时，铱星在被一家私人股权基金以不到当初投资额1%的低价买下后，拥有了超过20万用户和近3亿美元的营业额，似乎开始起死回生，但这一切已经与摩托罗拉无关了。[①]

---

① 冯禹丁.摩托罗拉失落的十年[J].商务周刊，2008（10）：32-42.

摩托罗拉作为一个技术主导型的企业，工程师文化异常浓厚。一般地，此种文化通常以自我为中心，唯"技术论"，最终导致摩托罗拉尽管有市场部门专门负责收集消费者需求的信息，但在技术导向型的企业文化里，消费者的需求很难被研发部门真正倾听，研发部门更愿意花费大量精力在那些复杂系统的开发上，从而导致研发与市场需求的脱节。[①]从技术角度看，铱星系统是真正的科技精品。"我常常想，我们这些被称为高科技公司的互联网公司做的东西和铱星系统相比，简直就像是玩具。"谷歌公司研究员吴军在谷歌黑板报上感叹道。但从商业的角度看，铱星系统却是不折不扣的"在错误的时间认准错误的市场投入的错误产品"。其根源正在于以技术而非市场驱动的摩托罗拉过度为"工程师文化"主导，没有学会从用户和市场需求的角度来反求技术战略，而是习惯于从技术蓝图出发去勾画市场。当它在技术判断上出现重大偏差时，遭到市场的惩罚也就不奇怪了。[②]

对此，时任摩托资深副总裁梅勒·吉尔莫（Merle Gilmore）曾说道："摩托罗拉内部有一种亟须改变的'孤岛传统'，外界环境的变化如此迅捷，用户的需求越来越苛刻，现在你需要成为整个反应系统的一个环节。"

[①] 阳淼.摩托罗拉：没落贵族兴衰史[N].新京报，2011-08-23.
[②] 冯禹丁.摩托罗拉失落的十年[J].商务周刊，2008（10）：32–42.

不少产品败在没有需求

周鸿祎认为，只有将创新注入产品中，才有可能解决真正的需求问题。当然，由于人口红利再加上诸多的资源积累等各种原因，中国现如今成为全球最大的市场之一。尽管如此，周鸿祎认为，虽然我们在商业模式、营销模式上有很多创新，但说起在技术和产品上的本质创新，还是要不断地吸收国外的一些经验。

对于未来的趋势，周鸿祎说道："我一直相信IoT（Internet of Things，物联网）、万物互联代表着未来，这也是一个趋势。但这一两年，应该说智能硬件，包括很多的创业公司，大家做得都不算特别好，都遇到了很多困难。所以有很多人出来唱衰IoT、万物互联、智能硬件。"

在周鸿祎看来，"智能硬件虽然没有爆发，但在正确的路上"。当然，由于诸多的原因，比如，智能硬件和互联网尽管有很多的结合，但是一些创业者在做智能硬件时，过于强调互联网化服务而背离了硬件的本质。这导致了很多智能硬件创业项目失败。周鸿祎介绍说道："我们自己也做了不少失败的产品，而失败的最重要的原因，就是做的东西根本没有需求……如果只是简单地把一些传统的硬件加一个Wi-Fi跟网络连起来，我觉得这不叫产品。"

周鸿祎强调，那些没有真正地带来革命性改变的产品，并不是用户真正本质的刚需。周鸿祎认为,"真正的智能硬件,一定是跟人工智能的服务结合在一起,才能叫智能硬件,否则你只是一个传统硬件,一个能联网加了安卓或者Liunx操作系统的传统硬件。"

当创业者做出一个硬件,就要给用户创造硬件本身的价值。周鸿祎反省说道:"我一度鼓吹过硬件免费,但其实这个模式是有问题的,硬件这个产业本身价值规律和软件有太多的不一样。很多做互联网的人,妄图用互联网的规律来领导硬件的时候,你就会发现它整个的成长速度和我们预想的不一样,包括用户的积累速度也不一样。"

周鸿祎由此判断,互联网不是万能的,在未来,软件免费仍然会发挥巨大的作用,硬件免费则不然。周鸿祎发现,硬件赚钱其实是非常合理的。理由有三个:

(1)在没有达到一定的用户规模,没有建立你的互联网商业模式之前,你的硬件如果能够给用户提供更有价值的服务,你理所应当要从硬件赚到钱。

(2)消费升级。如果到最后大家都不赚钱,就会去挤压整个产业链的上下游。不能建立一个良性的商业模式,无法投入新的资源去做一些新的事情。

(3)OPPO和vivo他们在线下做了很多推广活动,当产品的功能越来越细分,当消费者越来越有了自己的所谓"消费品位",那么亲自把手机拿在手上这种把玩和打量,不是在互联网上放一个"特价销售"就能解决的。

在周鸿祎看来,未来很多智能硬件产品要想成为爆品,不是简单地放在网上低价销售,而是需要用户去体验、需要用户去判断。基于此,周鸿祎说道:"这时候你可能就会发现,光靠电商是不够的,也需要线下的销售。而传统的商业也不会像大家想象的那样,最后会被电商摧毁掉。"

在周鸿祎看来,"硬件团队还是应该回归商业的本质,把一个硬件围绕着它核心的功能做好,获得用户体验,而所谓的AI、人工智能的服务,以及连接云端、智能芯片都是为了让这个硬件的本身功能发挥得更好,而不是把它变成一个数据采集器、广告发送器……如果你能够做出很好的硬件,你每卖一台硬件有合理的溢价。通过这个溢价支持你的团队持续打磨产品,提升技术。那么只要给足够的时间,未来智能硬件和互联网的结合,未必是今天我们所设想的这么一种模式"。

第2章
制造产品就是解决用户实际需求

在创业界，一个公开的定律是每一个创业项目都必须拥有一个解决用户痛点的产品。所谓"用户痛点"，就是用户遇到的亟待解决的问题，即痛点是用户尚未被满足的，而又被广泛渴望的需求。

例如，滴滴打车解决了用户出行时打车难的痛点，美团外卖解决了用户懒得出门又很饿的痛点，代驾业务解决了用户想喝酒又不能酒驾的痛点……对此，有研究者把用户痛点比喻为在一堆毛线团里寻找线头，当创业者找到了用户痛点，一切问题都迎刃而解。所以，创业者只有在用户的强需求上全力突破，才能真正地找到痛点，才能有效地设计出爆款产品。

用户紧迫性越高，其痛点越痛

在公开场合，周鸿祎曾讲道："曾经有投资人在和我长谈后批评我说：'周鸿祎你是大公司的老板，应该拥有世界格局，考虑行业未来几年内的发展情况，但这些你都没谈，却只谈你的产品怎么样。'"

随后，周鸿祎一直都在思考该投资人说的这个问题。作为企业决策者，确实应该有战略高度，但战略离不开产品。周鸿祎认为，最重要的任务不是考虑未来市场会怎样，这只能留给时间来验证。周鸿祎说道："相比于未来的大趋势，我习惯于将更多的精力用于思考我的产品，比如360的产品是否存在缺陷？如何才能弥补？在这个市场里是否还有未被发现的用户需求？"

与产品经理关注产品能否改变世界不同的是，用户更关心的是，产品经理设计的产品能否解决他们的痛点、改变他们的生活。因此，在任何时候，如果不能为用户创造价值，用户必然不会选择你的产品。

周鸿祎告诫产品经理说道："当然，我并不是在否认行业趋势的重要性，'方向不对，努力白费'的道理尽人皆知，但这不是产品经理现阶段应当重点关注的事情。"

周鸿祎认为，产品经理"制造产品的目的，是解决用户的实际需求，但需求绝不仅仅只有一种。有些需求，对于用户来说可有可无，如果产品成本不是很高，用户会使用，但是没有它，用户的生活也不会受到明显影响"。周鸿祎将这样的需求称为"弱需求";与之相反的则是"强需求"。

周鸿祎举例说道:"一个多日未进食的流浪汉,此时他最大的痛点是果腹,睡个安稳觉当然也是他的需求之一,但并不那么紧迫,实在不行在公园长椅上也能将就一夜。"如果产品经理从流浪汉的角度来分析他最需要解决的急迫问题,那就是吃饭的问题。此刻,对于流浪汉来说,吃饭就是他的强需求,睡一个舒服的安稳觉则是弱需求。因此,对于产品经理来说,决定一个产品是否是痛点的一个核心因素就是,未被满足需求对其的迫切需要程度。

如果从这个角度来看,产品经理仅仅找到那些未被满足的需求是远远不够的,只有解决了用户的紧迫性,才是真正找到痛点需求的关键。当用户紧迫性越高,其痛点越痛,产品或者服务被购买的概率也就越大,见图2-1。

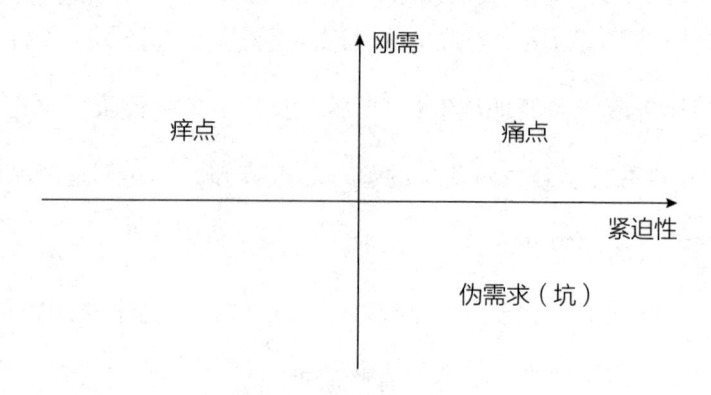

图2-1 痛点与需求紧迫性

按照图2-1显示，如果需求用纵轴表示，越往上，用户需求越趋于刚性。如果添加一条代表紧迫性的横轴，从左到右，用户的紧迫性不断增加，产品经理就能更加容易地发现用户的痛点。

从这个角度来分析，用户需求越紧迫，用户的痛点就越痛，其付费的意愿无疑就越大。基于此，产品经理必须突破需求的"临界点"。当用户的紧迫性体现为与需求临界点的距离，该点离用户的需求临界点越近，意味用户越紧迫，其痛点就越痛，产品经理成功获取用户的概率就越大。

一般地，痛点需求的状态有如下几种：

第一象限（右上），代表用户的刚需且紧迫性较高，其痛点需求较为强烈。产品经理倘若能够解决用户的刚需，同时找到痛点出现的场景，产品成功率会越大。

第二象限（左上），代表用户的刚需但紧迫性不是很高。这类需求是我们日常见到的，毕竟痛点也不是随处可见。当紧迫性不高时，需求仅仅是痒点，而非真正的刚需。针对这类情况，产品经理需要提高产品或者服务的爆点，否则无法吸引那些需求没有那么紧迫的用户。

第四象限（右下），代表紧迫性高但却并不真实的需求。一般地，用户都希望自己能够享受到更好的产品或者服务，但是因为某种产品或者服务的价格太高或者限制较多，该需求很难变为刚需，尤其是变成大众化的、高频的刚需。

对此，周鸿祎坦言："如今市场上的很多产品，针对的都是弱需求，对销售额的拉动作用极其有限。"

不可否认的是，弱需求并不意味着出不了好产品，但前提是拥有强大的渠道。如果创业者的产品在渠道方面存在先天不足的问题，"最好的方法就是锁定用户的一个痛点，然后全力突破。有时候，如果产品能满足强需求、解决痛点问题，即使其他方面有些小缺点，用户也有可能被征服"。

究其原因，"用户对产品的特性要求次序通常是功能、便捷和价格。当在功能上解决了痛点问题，在便捷和价格上，用户是有让步空间的。"周鸿祎举例说道，"20世纪90年代时，移动电话是什么样的？跟砖头一样大小的'大哥大'，现在几乎难以想象那么重的一个移动电话（居然卖）1万多元，但很多人还是要买，因为它解决了移动打电话这个大家一直以来的痛点。以前只能在办公室、家里守住固定的座机打电话，但是有了'大哥大'之后，走在路上也可以打电话了，所以即使它很笨重、非常贵，用户也接受了。移动通话的痛点解决之后，'大哥大'开始逐渐演变，为了便于携带，体积开始变小，有段时间小到只有手掌心那么大。"

2007年，苹果公司推出第一代iPhone（苹果手机），屏幕只有3.5英寸，整机也就手掌那么大。随着互联网技术的普及，以及互联网思维的崛起，大屏幕手机的需求也就应声而起。现在包括iPhone在内的各种智能手机，屏幕都达到了6英寸，甚至更大。

可能读者会问，为什么屏幕又变大了呢？原因就是这时移动通话已经不再是痛点，"便携性也不是痛点，痛点变成了用户和手机的交互，小屏幕显然不仅不能满足用户的需求，反而成了痛点。"

当大屏幕成了痛点后，解决这个痛点的最终办法，就是手机厂商和用户都开始舍弃一定的便携性，即手机厂商和用户都选择了大屏幕。

对此，周鸿祎在讲话中谈道：产品经理首先要想明白自己的产品对于用户来说是"可以有"，还是"必须有"；该产品对准的是用户的强需求，还是弱需求。如果是可有可无的弱需求，在未来的产品推广阶段会出现很多问题；如果是无可替代的强需求，也就是解决用户的痛点，成功的概率就会提高很多。痛点对于用户而言，好比"眼中钉、肉中刺"，如果我们能够为用户将"钉"和"刺"拔出来，就能够创造出极佳的用户体验。

在周鸿祎看来，小米手机之所以能够在短时间内获得成功，就是因为小米创始人雷军的超强营销能力。不过，周鸿祎坦言："这只是锦上添花，最根本的因素在于小米手机针对的是用户的强需求，是真正的刚需。"

周鸿祎解释说道：在那个时间节点，苹果、三星二分天下，国产智能手机处于明显的市场空白期。很多"小白用户"既拒绝山寨机又渴望获得更好的用机体验，但是苹果手机的价位让他们望而生畏。正所谓时势造英雄，在这样的市场环境下，小米手机应运而生，雷军改进了安卓系统的用户体验，并将售价调整为"小白用户"能够接受的价位，"高性价比"这个词一下子戳中了"小白用户"的心。

小米不仅赢得了用户的认可，同时也改变了中国手机在红海市场中的地位。小米手机能够取得如此业绩，离不开雷军的高性价比战略定位，甚至可以这样说，雷军的低价高配策略，让用户体验到极致的手机产品服务。雷军在接受媒体记者采访时坦言："小米手机永远会坚持这个方向——高性能、高性价比。"在雷军看来，小米手机坚持高性能、高性价比是赢得用户的一个重要原因。

当时，周鸿祎对小米的高性价比给出了较高的评价："小米手机刚发布时绝对是当时性价比最高的手机，确实不赚钱，一年多来在其目标人群建立了知名度和体验，在国产手机里已具备品牌溢价能力，产量大幅提升带来采购价格降低和元器件随时间自然降价，网络推广和电商销售消除巨额广告和渠道成本，今年（2012年）仅从硬件销售即可获得丰厚利润，还没算上品牌价值……不按互联网公司就按硬件公司十倍PE算，小米公司价值250亿元人民币，折合40亿美元。唯一的挑战就是如何保持每部手机的丰厚利润以及销量。其模式值得每个手机企业认真思考。"

对于小米的溢价，雷军自己是这样介绍的："关于溢价模型，这款做好了你能溢价，下一款没做好你就溢不动。而性价比模型，给用户所造就的忠诚度是空前的。这里我举一个小例子，就是小米之家。我在跟大家讨论做线下的时候，很多人跟我说线下成本很高会亏死的，觉得不应该干。我们在一二线城市，主要在一线城市，做了小米之家。的的确确房租很贵，也的的确确人工很贵，更重要是我们完全没有零售业的经验。就在这样的前提下，我们依然有很高的平效。一个从来没有做过零售的团队，一个从来没有做过零售的公司，一个线下成本如此高的现状，小米凭什么？而且我们的每一个店，都是那个商场里面人流量最大、销售最好的地方。我们没干过零售，我们怎么获得这样的竞争力？之前有一个投资者问我：你们为什么能做这么好？这个问题我想了很久，我觉得本质上是小米的品质和高性价比，使用户对小米有了信任。我们的成功靠的是性价比，如果偷偷地加了一倍、加了两倍的价钱，摆在商店里，我们的利润的确会好，但是我们其实辜负了用户对我们的信任，透支了用户对我们的信任。所以小米模式的精髓是高性价比。失去了这一点，就会一步一步变得平庸。"

小米创始人雷军针对此问题多次声明，小米手机绝对不靠硬件赚钱，主要靠服务盈利，已做好了几年不赚钱的准备，甚至高调对外宣称"每年整体硬件业务（包括手机及IoT和生活消费产品）的综合税后净利率不超过5%"。在外界看来，雷军传递的无疑是小米的高性价比——不以硬件盈利为最终目标，尽量在考虑成本的情况下酌情降低企业所能得到的利润，以吸引对高端机型兴致缺缺、更倾向于物美价廉的产品的消费者，获得稳定粉丝群体。

如果从这个角度来分析，小米手机以及其他产品的战略思维为薄利多销，主要满足普通用户的消费诉求，但是也会酌情考虑向高端产品进发，这就是小米旗下系列手机高性价比的指导思想，旨在打破用户在手机消费上吃力的价格瓶颈。

在当前，由于电子产品市场的竞争较为惨烈，一些手机产品为了迎合消费潮流，不断更迭换代，系统逐渐优化，但研发成本大幅度上升，加上有些供应商恶意涨价，使得手机销售价格逐步上涨，甚至部分手机的售价已经超过万元。虽然这些手机有的成为市场中炙手可热的机型，高价格也能赢得一些用户，但同时也导致它失去一部分用户，究其原因，较高的价格会影响一部分低收入人群的购买意愿。当国产手机的售价不断攀升时，一些低收入用户已经无力接受，但是手机又符合刚需、高频和痛点的特点，所以当小米推出高性价比的手机时，能够得到众多用户的认可。对此，行业研究者撰文指出："小米品牌的高性价比已经众所周知，这正是其在电子产品发展潮流中最可靠的竞争力，与其一味提高价格，追求利润，不如安守本分，以价格战和性能战独占一筹。"

该研究者分析道："硬件产品的售卖确实不足以也没有必要成为小米主要的盈利手段——数据显示，小米旗下产品的日活跃用户已经达到1.32亿，如此巨大的用户使用群使日后小米开展互联网增值业务的前景也十分乐观，如果继续这样稳定发展，小米的新增长引擎将会有无数可能，完全能够弥补硬件收入的低迷。以广告中人文的感性需求吸引用户眼光，以价格上的理性需求吸引真正的消费者，获得大量粉丝基础，拥有日后更广阔的发展前景。"

该研究者的判断是客观的，当小米拥有上亿的用户时，其背后的商业价值自然是巨大的，同时也印证了雷军的观点。在内部讲话中，雷军称小米模式的核心是颠覆性，跟传统生意相比有本质性差别。雷军说道：第一个差别，我们希望跟用户是朋友。把用户当朋友，就不能坑别人，非常简单。过去大家都把经商的叫奸商，无商不奸，商业在普通老百姓心里，就是骗人的。今天小米提出的是，我们怎么能和消费者成为朋友，把东西卖给消费者，就是卖给朋友。理解了这一点，就理解了我们跟传统生意本质的差别。传统生意是怎么想的？定价越高越好，毛利越多越好，利润越多越好，成本越低越好。但是我们会把用户的口碑，用户的满意度，看到很高的阶段。

在雷军看来，小米通过手机产品赢得口碑和满意度。然而，如何才能让用户接受小米产品呢？小米模式与传统生意的第二个差别，或者创办小米本质的想法，是想改变中国。很多产品做得不好的主要原因是效率低下，因为层层加价，每一层的效率都很低，其实每一层都不挣钱。已经这么贵以后，老百姓不买，销量低，还要投更多的市场费用，这是恶性循环。我们希望改变效率以后，把钱放在产品上，放在研发上，放在技术创新上。在其他的环节里面，优化项目，这就是小米模式的精髓，其实本质上讲，是高品质的高性价比。谈到高品质、高性价比，可能很多人说，小米卖这么便宜就是很低端。我觉得便宜和低端是两回事，关键看我们是不是把产品做得让大家心服口服了。在这一点上我们内部争论也很激烈。大家说我们能不能把产品卖贵一点，老百姓觉得贵的好。我认为，涨价是再容易不过的事情，反正有小米的品牌，卖贵一点很容易。但是纵观过去三十年的商业史，我们会发现，卖贵的品牌都是各领风骚三五年，甚至各领风骚三五月。再去看那些性价比高的品牌，都是雄霸市场三十年、五十年以上。我们看看当年的沃尔玛，今天的开市客（Costco），无印良品，优衣库，尤其像开市客这样的品牌，它的市盈率是多少倍？是30倍，跟互联网公司的市盈率一样。它是怎么做的？它任何商品只保留1%到14%的毛利，限制毛利率，逼着自己改善项目。所以当小米有了一定的品牌，大家会自觉不自觉地把价格涨起来。时间久了，因为有毛利，所以内部就不追求降低成本和提高效率了。一步一步，我们就会失去竞争力，就会变成传统公司。所有公司刚创办的时候，都是希望提高效率的，而效率就是这样一点一点丧失的。

基于此，作为产品经理，不要一开始就想着让用户对产品"难以自拔"，要让用户日久生情、欲罢不能。作为创业者的雷军深知，虽然没有品牌、技术，但是可以通过高性价比以及过硬的产品质量赢得用户的认可。雷军说道："小米会坚持性价比道路，这一点没有任何变化。坚持这条路，这是我们过去成功的基础，也会变成我们持续成功的基础，因为我认为性价比的这种模式，它所具备的长期的竞争力是不言而喻的。"

产品经理首先得让用户对自己的产品一见钟情。BAT（百度、阿里巴巴、腾讯）举办产品发布会，哪怕产品有一定的瑕疵，照样能引起众多媒体的关注。对于一般的创业者，就很难有这样的机会。因此，产品经理在面对第一批用户时，其实只有说两三句话的机会。但是，正是这两三句话就能"刺中"用户的痛点，进而抓住他们的心。当越来越多的用户爱上创业者的产品后，创业者才有机会打磨产品细节，提升交互体验，将产品做得更有魅力。

小步快跑、循序渐进、不断试错

作为创业者，在产品创新，尤其是在满足用户需求时，寻找产品解决的痛点尤为重要。只有从0到1地找到其痛点，才能真正地解决用户的痛点。

可能读者会问：创业者为什么要关注痛点呢？原因是：每一个痛点都是创业者成功创业的一个机会，其痛点越大，机会越大。

基于此，绿山咖啡精准找到用户的痛点并加以解决，得到迅速发展。

在咖啡店销售咖啡的模式中，两个痛点分别是：等待时间长和口味单一。针对这两个痛点问题，绿山咖啡提出了相对应的解决方案。

针对第一个痛点，推出K杯咖啡。"为什么一次要冲一壶咖啡呢？我每次只想喝一杯而已。"用户的需求正是K杯包装解决的问题。K杯咖啡的操作很简单，咖啡店店员只需要把提前装好咖啡的K杯放到咖啡机里，咖啡机刺破K杯的封口后向里面高速注入高温热水，一杯咖啡就做好了。由于省去了磨咖啡豆、称量、清洗的步骤，制作过程不超过10秒钟。

针对第二个痛点，其解决方案是，绿山咖啡创新地把传统单一咖啡机变成了平台式咖啡机，利用K杯可以制作多种口味的饮料，除了咖啡，还可以制作茶和果味饮料等。绿山咖啡的主要合作者包括几乎所有咖啡和茶的主要供应商，这些供应商的很多产品都能通过绿山咖啡的咖啡机进行制作，绿山咖啡把自己的咖啡机变成了平台式的产品。[①]

对此，中欧国际工商学院创业学教授龚焱分析说道："追求极值用户体验是核心精神，企业所做的一切应该都是为了用户，而不是从企业自己的内部目标和自己的盈利目标出发。"

在龚焱看来，尽管商业世界中商业模式是丰富多样的，每一家企业都有自己不同的模式和特点，表面有非常多的变化，但是归根到底一切商业变化的起点和终点最后还是回到用户的体验本身。

从这个角度来讲，绿山咖啡通过打造平台式咖啡机，解决了产品口

---

① 李静颖.绿山咖啡：抓用户极端痛点创新［N］.第一财经日报，2013-11-29.

味单一的问题。当解决方案和用户痛点高度吻合时，无疑就会带来巨大的价值空间。

从2006年开始，绿山咖啡开始转型，其估值从1亿美元跃升到150亿美元，增长了150倍。到今天为止，绿山咖啡的咖啡机在美国家庭和公司中的总装机量已经达到了1,600万台。龚焱介绍说道："当你有1,600万的总安装量，每天每台机器的消耗在1杯以上，每年K杯的销量就超过了60亿杯……当企业采用的这种新的颠覆性体验在2006—2007年得到市场验证后，其股价在那几年增长了十多倍。"2013年，资本市场再次重估了绿山咖啡的价值。其庞大的安装量，以及多年经营中与各大企业形成的合作关系，使得绿山咖啡的价值飙升。

当解决方案和用户的需求吻合时，会产生巨大的价值空间，但是如何定义用户痛点，找到解决方案，以及如何验证方案有效，却并不容易。从0到1的痛点怎么找，在过去几十年的商业演进当中，证明这是一条崎岖的路。

对此，周鸿祎曾在微博发文称，产品的第一步是找到痛点并且解决最大的陷阱——伪需求。在周鸿祎看来，有的产品经理不了解刚需，解决的不是痛点。周鸿祎举例说道：什么是痛点？想用双核手机，所有的双核手机里苹果卖六千，三星卖四千五，其他国产的卖三千，价格就是痛点。小米手机卖1,999，这就是找准了痛点。第一代的小米手机用今天的眼光看有设计吗？雷总说没有设计就是最好的设计，所以人家拼的不是颜值和工艺，人家讲的是我是全球最快的手机里面最便宜的。

周鸿祎还举例说：我们公司的员工创造性特别高，有一个员工做了一个智能捕鼠器，有特别多的智能功能。最重要的就是利用手机可以遥控，比如说把老鼠电死，可以发强烈的噪音把它震得口鼻出血。但是有一个缺点，就是需要抓住老鼠放在捕鼠器里。大家笑说需要把老鼠塞进去，这都不是笑话，那是体验，是用户参与感。真正的问题是现在大家家里都没有老鼠。

事实证明，用户不想购买创业者的产品，就意味没有需求。对此，小米科技联合创始人刘德也曾在微博发文说道，所有的硬件定义都要站在80%的人的需求上想问题，立足做海量，做最大的人口市场。当你针对80%的用户痛苦想问题，反而简单。像手环，如果你要针对100%的人做，或者说针对某一个细分市场做，大家有各种各样对手环的抱怨，说手环不够漂亮，它的体积不够小……有无数的抱怨。但是如果针对80%的人定义这款手环，它的痛点一下子明确到几点：第一，贵；第二，待机时间短；第三，没有黏性。其他的没有了。

在刘德看来，立足80%的用户痛点思考无疑反而简单了。因为哪里有埋怨，哪里就有需求，无疑也就有了痛点。莉莉丝CEO王信文也说道："我们看常用的App，会发现它们虽然有极大的安装量，但是很多App的评价很低。当你把这些差评拿出来读的时候，发现有很多的用户需求和用户痛点。比如说打开优酷App用户评论，你会发现很多的一星、二星和三星的评价，原因多是用户觉得手机播放视频的时候太卡。愤怒的用户就是推动整个行业进步非常重要的原因，如果说谁可以有很好的技术可以提升播放或者说渲染的效率，这个产品很有可能会突围，取得成功。"

在互联网领域创业的人越来越多，但对于究竟怎样才能打造出成功的互联网产品，一直存在着理解上的误区，也困扰着很多创业者。对此，周鸿祎告诫创业者：第一，互联网产品要有一个灵魂，要符合相关领域的游戏规则，能打动用户的心。如果这一点没做好，产品外观做得再华丽，后台再强大，也很难成功。打动用户的心，这好像是废话，但也最质朴，很多产品其实不是在真正满足用户需求，而是在发明或幻想用户需求，甚至逆着用户需求在做。像国内很多SNS（社交网络）网站都模仿Facebook，尽管很像，但都不太成功，而开心网摸对了用户的脉，中国互联网用户上SNS实际是以开心、娱乐为主，简单、容易上手、好玩的小游戏就打动了用户。第二，互联网产品需要不断运营、持续打磨，好产品是运营出来的，不是开发出来的。而传统的软硬件产品都有个物化的载体，不可能经常改，比较稳定。互联网产品的本质是服务，就是通过某种形式的桥梁和窗口把服务传递给用户，由于用户的需求不断在变，产品就要随时调整。早些年微软的Windows XP比较成功，因为在传统软件时代，用户需求不多，厂商很容易能了解到；到了互联网时代，闭门造车弄出来的Windows Vista就不可避免地失败，用户需求变化太快了，厂商对此没有把握。第三，大家都说产品要做到专注和极致，对于互联网产品我感觉是"伤其十指，不如断其一指"。在产品方向上，一定要先学会做减法，而不是做加法。要先找对一个点做到极致，否则你什么功能都做，最后都不突出，没有鲜明的卖点。如果你掌握了互联网产品的规律，可能你不用太多的人力，只要瞄准用户的需求点，同时在技术开发方面，采用"小步快跑，循序渐进，不断试错"的思路，我觉得就有可能会超过大公司。

在周鸿祎看来，产品一定是让人去用的，不断根据用户反馈去修正。现在很多人都在讲"以用户和市场为中心"，但实际上还是"以公司为中心"。对此，周鸿祎说道："我曾经看过一家大公司的内部报告，说要做一个IM产品打败腾讯，说可以为自身带来什么价值，可以整合内部产品等，但从头到尾没有涉及能为用户创造何种价值。这种出发点必然决定失败的结局。我认为自己做客户端的资历比马化腾要深，但如果真的做一个IM产品，在产品细节和技术上可能比他做得好，但很难比他成功。我们俩的背景不一样，我做传统软件出身，而腾讯的创业团队是从做传呼的润迅出来的，之前就在做服务，这一点给了马化腾很大的帮助。这是一个分水岭，马化腾很早就掌握了互联网产品的规律，把它当成服务来做，持续改进。"

鉴于此，周鸿祎告诫产品经理说道："无论你的想法高明与否，我认为都不如用户的选择高明。有了任何想法，不要奢望做到完美再推向市场，不如先简单地做出一点点，就拿到市场上做实验，一旦对了就迅速跟进，一旦不对调整的成本也很低。把用户作为试金石，积小胜为大胜。"

高频绝对是衡量产品好坏的重要标准

对于任何一个爆品来说，成功通常都是建立在高频基础上的。所谓"高频"，意指某款产品的使用场景在用户的生活中经常出现。当某款产品处于高频率使用状态时，该产品不仅满足刚需和痛点，且用户黏性较大。在这里，所谓频率是指次数与时间的比值，比值越大，频率越高。高频率就是比值大。

在公开讲话中，周鸿祎告诫创业者说道："仅靠刚需和痛点不足以支撑某个产品的开发，场景能为需求理论提供有效补充。场景是指用户为满足自身需求而使用产品的具体实例。产品可以非常不起眼，但是它一定要对用户有价值且应用频率较高。"

在周鸿祎看来，如果使用频度特别低，用户就很难形成印象和体验。从这个角度说，高频绝对是衡量产品好坏的一个重要标准。周鸿祎举例说道："2016年，创业黑马为我开设了一个创业实验室——极致产品实验室，学员们来自五湖四海，都是各行各业的创业弄潮儿。西默科技的创始人黄基明是实验室的一期学员，西默科技主要的研发领域是智能家居，企业经营得不错，半年的营业额接近5,000万元，可见市场对其产品的认可度还是比较高的。黄基明曾将西默科技的智能锁产品带到课堂上，让我批评指正。批评肯定谈不上，但我能从产品的角度为他说道说道。提到智能锁，我直观地想到了两个可能的产品思路——上门开锁和防盗传感器。让我们先以上门开锁为例，分析产品经理的这三个关键词（刚需、痛点和高频）。首先，上门开锁是否属于刚需？答案无疑是肯定的。每个人都有安全需求，回家是符合人性的真实需求。其次，进不了家门意味着不能吃饭、洗澡、追剧、休息等，对于每个人而言都是痛中之痛。刚需和痛点都有了，最后来看看高频。上门开锁这种事发生的频率太低了，低到可能一个用户一年都用不了一次。即使你能够提供远超同类竞争对手的用户体验，一年之后还能记得这种体验的用户恐怕也寥寥无几。"

周鸿祎由此推断，如果产品没有高频互动，自然谈不上粉丝黏性，无疑无法有效地凝聚用户，获得用户的成本便居高不下。基于此，周鸿祎断言："显然，这是一种没有产品价值的商业模式，没有长久的生命力。"

得出此结论后，周鸿祎还分析了防盗传感器产品。

目前，在中国家庭中，防盗传感器的应用频率同样不高。很多家庭安装了窗户防护栏，这说明防盗对于中国家庭来说是一种刚需。

与防护栏不同的是，如果用户在家里安装了一个防盗传感器，由于此类产品对人的打扰程度很高，便会带来很大的副作用。原因是，很多用户居住在住宅小区里，由于整日人来人往，传感器每天都会接收到很多干扰信息，甚至有可能每天半夜都会鸣笛报警。

对此，周鸿祎断言："我相信，如果某位用户一晚上被防盗传感器吵醒三次，就会将其永久性关掉。要知道，家里进贼毕竟属于未知事件，虽然在中国每天都有类似的报道，但将这个数字除以14亿的人口基数，你会发现平均每个家庭发生盗窃事件的比例特别低，属于小概率事件。"

防盗传感器产品每天都会打扰用户多次，与发生盗窃事件相比，这显然是一个已知的大概率事件。一般地，大多数用户都不会愿意为了一个未知的小概率盗窃事件，去承受已知的大概率打扰事件。因此，在产品研发中，所有的产品战略都要归结为从用户角度出发，寻找到用户的痛点和刚需，并拥有高频的使用场景。

周鸿祎告诫产品经理：你需要时常问自己："用户有购买动机吗？我能否在用户口渴难耐时，递给他半瓶救命水？"

究其原因，喝水是人类的最基本需求，属于典型的刚需。在"用户口渴难耐"的场景下，"立刻喝水"就成了用户的痛点。当然，寻找高频化的场景，也不是那么容易的事情，因为需要站在用户的角度。

周鸿祎坦言："从产品经理的角度看微信，这无疑是个非常伟大的产品，张小龙也是我十分敬佩的产品经理人，他的很多观点我都深表赞同。"

众所周知，能够得到周鸿祎的认可，委实不易。很少有人知道的是，在微信研发早期，张小龙曾尝试多个突破点，结果都失败了。最后在"摇一摇"功能上取得了突破，一举成名天下知。微信通过"摇一摇"，快速地获得了自己的第一批忠实用户，并逐步发展到今天这个规模。

周鸿祎分析说道："如果我们从产品角度对微信的'摇一摇'功能加以剖析，会发现它同时具备刚需和高频两个关键要素。现代人的生活节奏很快，交友范围相当受限，而交友，尤其是异性交友，是不折不扣的刚需。在确定了这一点之后，让我们来看看'摇一摇'的使用场景。摇一次可能无法让你找到合适的聊天对象，多摇几次总会有所收获。用户便是在多次'摇一摇'后找到了其中的乐趣，并深深爱上微信这款产品。"

在周鸿祎看来，当下的很多产品经理，在汇报或者公开讲话中，一定会提及互联网思维，但他们自己不知道的是，他们仅仅学到了一点点皮毛。

周鸿祎举例说："为了制造所谓的体验和惊喜，他们会请美女开着豪车专门为用户送去一只鸡，却忘记思考用户是否每天都有吃鸡的需求。显然，这不是一个高频率的事件。要知道，再好的体验，也永远没有产品本身重要。"

第二部分

极致的产品力比1亿销量更重要

优良口碑的来源,是极致的产品力。

——360创始人周鸿祎

第3章
极致的产品力才是生产力

在信息越来越对称的时代，没有极致的产品，不可能长久赢得用户的认可，即只有坚持"产品主义"，以产品说话，才可能得到用户的认可，才是王道。所谓"产品主义"，即坚持产品第一的理念，将产品体验与用户感受放在第一位。

为了打造极致体验的一流产品，周鸿祎在微博中表示："我自始至终是一个产品主义者，我是一个产品经理，我相信用心做产品可以改变世界，我相信只有创造用户价值才会有商业价值。任何愿意跟我合作做一流产品、做极致体验的人，我都欢迎。任何阻碍我做好产品的人，我都会反击。这就是我的原则。"

周鸿祎不止一次在公开场合表示，好的产品可以改变世界。对此，周鸿祎坦言："你哪怕卖了1亿台（产品），但是那1亿台都没有口碑，用户抱怨很多；我哪怕卖500万台，这500万是你的5%，但是我未来口碑很容易起来，那就有很好的预期。而优良口碑的来源，则是极致的产品力。"

用心做产品可以改变世界

在这个一切皆有可能的时代，许多一夜成名的神话刺激着企业家们去创造更为卓越伟大的产品。

事实证明，历史长河中诞生的无数明星产品都在竭尽所能地关注用户体验，寻求最大化地满足用户的需求。在互联网时代，似乎极致的产品策略更符合用户技术和人文融合的心理追求。基于此，在互联网思维下苹果手机的巨大销量说明，苹果创始人史蒂夫·乔布斯（Steve Jobs）倡导的极致时代已经来临。

2007年1月9日，对于全世界智能手机用户来说，是具有划时代意义的一天，一个极致产品走进人们的生活。

作为苹果创始人的史蒂夫·乔布斯，在旧金山Moscone中心正式推出了第一代iPhone手机——3.5英寸全触控屏幕、金属机身，以及iPhone OS操作系统，真正地开启了人类历史上智能手机时代的大门。

在发布会上，史蒂夫·乔布斯说道："今天苹果要重新定义手机……我等这一天等了两年半……iPhone领先了其他手机五年的时间，我们可以甩掉鼠标，只用手指来使用多触点控制屏幕——这个最具革命性的用户界面。"

其后，史蒂夫·乔布斯的忠实粉丝们，尤其是中国粉丝开始逐梦般跟风苹果的极致产品策略，甚至是发布会所穿的黑色短袖和蓝色牛仔裤，足以说明史蒂夫·乔布斯对他的跟随者，尤其是中国跟随者的影响。

在这里，需要说明的是，iPhone的发布，并没有引起传统手机巨头，尤其是诺基亚决策层的特别重视，却给了史蒂夫·乔布斯的中国粉丝周鸿祎、雷军、黄章、贾跃亭、王兴等人极大震撼。

与传统手机相比，iPhone手机已经是"能打电话的智能终端"。这显然是质的跃升。作为一款全新的颠覆性产品，iPhone给中国的后起之秀起到极佳的引领作用。周鸿祎的老乡、小米创始人雷军在中国手机的第一梯队里。

在当时，苹果的产品影响其重要战略转型的还有魅族，其创始人黄章也注意到了iPhone这款与众不同的手机。在2007年以前的4年时间里，黄章带领魅族取得了不错的战绩——中国最好的MP3品牌之一。

在此刻，黄章看到史蒂夫·乔布斯的iPhone后，似乎看到了MP3的末日，而魅族此刻站在MP3的山顶已经无路可走。随着iPhone新产品的发布，黄章找到了自己需要突破的方向——转型做手机。黄章的想法与史蒂夫·乔布斯最初做iPhone的初衷有些相似。

2005年，随着iPod的销量暴涨，史蒂夫·乔布斯愈发担忧iPod的后续增长乏力问题，尤其担心有什么会抢了iPod的市场。经过慎重思考后，史蒂夫·乔布斯断定，这个设备就是手机。

在当时，史蒂夫·乔布斯的担心是很有道理的，因为当时手机已经开始配备摄像头，此举导致数码相机市场急剧萎缩，一旦在手机中内置音乐播放器，用户压根就没必要再买iPod产品了。为了解决这个问题，史蒂夫·乔布斯最初的想法很简单，就是选择与摩托罗拉合作，在其手机中内置iPod。

追求极致产品思维的史蒂夫·乔布斯最终还是放弃了，因为他实在无法忍受此款合作机型丑陋的外观，以及混乱的操作方式，终于在一次产品会议上，史蒂夫·乔布斯忍无可忍地说道："我受够了和这些愚蠢的公司打交道，我们自己来。"

在历数了各种手机的"难看"设计后，史蒂夫·乔布斯毅然决定，自己研发和设计一款革命性的手机。2007年6月29日，第一代iPhone起售。在短短的三个月时间里，其销售量就达140万部。随后，苹果手机在全球市场保持较高的出货量和市场占有率。

周鸿祎在公开讲话中说道："我一直毫不掩饰自己对乔布斯的崇拜和敬仰，他凭一己之力，彻底改变了手机市场的整体格局，在业界留下了一座不朽的丰碑。但无论是早期的iPod（苹果的便携式多功能数字多媒体播放器），还是后来的iPhone，这些产品都不是苹果公司的全新发明，而是一次又一次微创新的成果。iPod是苹果公司在老式MP3基础上进行微创新的产物，乔布斯创造性地为MP3提供了能装进1,000首歌的内存，让iPod用起来比其他MP3产品更舒服、音质更好，这就是用户体验的创新。iPhone也是如此，苹果公司并不是第一家在智能手机上装App的公司，但是苹果手机的系统最流畅、外观最好看，这些都是一次又一次微创新的结果。"

在周鸿祎看来，史蒂夫·乔布斯的伟大之处，并不在于他发明创造了多少新技术，而在于他能够通过对已有技术的巧妙融合而不断改进创新。

苹果公司能有今日之成就，说到底是微创新的胜利。事实上，所有伟大的创新性产品都是从微创新踏上征程，为用户提供一种更方便、更简单的体验。同样，360也是依靠这样的策略，赢得了用户的青睐。

首先思考顾客用产品完成什么事情

iPhone火了，火得让曾经的手机巨头诺基亚羡慕嫉妒。不过，当诺基亚经营者们彻底了解苹果这个产品的核心之后，最终心服口服。

的确，在iPhone手机这个产品上，史蒂夫·乔布斯是下了大功夫的。不论在产品的打造上，还是在渠道的选择上，可谓极致，极致，再极致。

在互联网时代，只有极致的产品才能赢得消费者的认可，过去工业化规模时代的产品模式已经落伍。对此，美国《连线》（Wired）杂志创始主编凯文·凯利（Kevin Kelly）在《失控》一书中告诫企业家们说："均衡即死亡。"

在凯文·凯利看来，互联网时代与传统时代的企业不同，追求均衡的企业必将被淘汰，只有像"匠人"般地将产品做到极致，才能赢得市场的胜利。如手机中的战斗机——诺基亚，由于低估了移动互联网的颠覆性作用，最终被史蒂夫·乔布斯的苹果打败。

2007年，诺基亚雄踞全球手机市场，俯视其竞争对手。当史蒂夫·乔布斯推出一款极致、简约的iPhone手机后，诺基亚的"武林盟主"地位立即遭到挑战。然而，官僚体系下的诺基亚压根就没把iPhone手机放在眼里。

当史蒂夫·乔布斯非常骄傲地宣布"今天，苹果重新发明了手机"时，诺基亚的高管却断言："苹果在手机市场不会成为一个强有力的对手。"

当大兵压境时，诺基亚高层却始终在塞班系统和新操作系统上徘徊，无疑加速了生态链上开发者们的生死大逃离，这背后的原因值得中国企业家深思。

2013年9月2日晚（美国时间），一向深耕软件的微软公司（Microsoft）高调宣布，出资54.4亿欧元（约合71亿美元）并购诺基亚旗下的手机业务和部分专利授权。其中，并购诺基亚旗手机业务耗资37.9亿欧元（约合50亿美元）；并购手机专利许可耗资16.5亿欧元（约合21.8亿美元）。

根据微软与诺基亚在并购中达成的协议，诺基亚时任CEO史蒂芬·埃洛普（Stephen Elop）担任诺基亚执行副总裁，主管设备与服务，直至该项并购完成；诺基亚时任董事长里斯托·席拉斯玛（Risto Siilasmaa）被任命为诺基亚临时CEO。当并购完成后，包括史蒂芬·埃洛普等在内的诺基亚多名高管也一起并入微软公司。按照这份协议，有3.2万诺基亚员工被并入微软公司，其中包括4,700名芬兰员工，以及大约1.83万名制造部门的员工。这意味着在移动通信史上曾经无比辉煌的诺基亚手机王朝就此尘埃落定，缓缓地落下帷幕。

回顾世界移动通信历史，巨头滑落的速度远比想象中的更快，自从1998年登顶行业以来，诺基亚就是手机行业中一个名副其实的霸主，且独占鳌头长达14年，引领移动电话的技术、外观设计以及顾客需求的潮流。

随着时代的变化，诺基亚曾经的无数神话让诺基亚决策层迷失。3G的到来，以及以苹果创始人史蒂夫·乔布斯为核心的新一代互联网手机设计者开始攻城拔寨，直接击破了诺基亚长久构建的技术、外观设计、顾客消费心理的壁垒。

诺基亚与iPhone的对决由此展开。截至2012年上半年，诺基亚仍保持领先地位。面对iPhone的挑战，诺基亚开始想到换帅，但是此刻的"三国杀模式"下已经大兵压境，前有苹果，后有谷歌、安卓系统围攻。历经短短一年的苦战之后，庞大的诺基亚手机军团始终无法突围，徘徊在是否拒绝使用安卓系统，寻找备选方案中，在没有看到希望之时，诺基亚手机帝国轰然倒塌，最终分崩离析，被微软集团收购。

在最辉煌的2000年，诺基亚的市值高达2,500亿美元，仅次于麦当劳和可口可乐。2003年，诺基亚1100型号的手机在全球已累计销售2亿部。2009年，诺基亚公司手机发货量约4.318亿部。2010年第二季度，诺基亚在移动终端市场的份额约为35.0%，处于绝对领先地位。到2012年为止，它共有员工10万人，业务遍布150个国家和地区。时过境迁，高光之后的诺基亚手机业务跌入谷底，最终被出售。当我们复盘诺基亚手机业务出售的过程时，其原因值得中国企业家反思。

（1）高层盲目自信，缺乏对未来不确定性的判断

2019年1月，BBC播出了一个名叫《大起大落诺基亚》(*The Rise and Fall of Nokia*)的纪录片，由此揭秘了诺基亚手机帝国是如何走向衰落的。在接受采访时，一位诺基亚前高管直言不讳地称，诺基亚的衰落源于其自身的"傲慢"。该高管反思说道："在这里（诺基亚）有很多让人振奋的时刻，但傲慢也随之而来。因此，我们做的每一个产品总是十分巨大，没人能在这方面战胜我们。其他公司都在蠢蠢欲动。"

在这名高管看来，诺基亚高层盲目自信，缺乏对未来不确定性的判

断是其衰落的一个非常关键的原因。2007年1月9日，苹果创始人史蒂夫·乔布斯在MacWorld大会上发布了iPhone手机。产品发布时，诺基亚时任CEO康培凯（Olli-Pekka Kallasvuo）不屑地说道："苹果不会对诺基亚造成任何影响，因为诺基亚专注做手机很多年了，同时又有满足任何价位和需求的产品线，而苹果仅仅只有一款产品。"

与康培凯一样不屑的还有时任黑莓公司CEO吉姆·巴尔斯利（Jim Balsillie），以及时任微软CEO史蒂夫·鲍尔默（Steve Ballmer）。吉姆·巴尔斯利说道："只不过让本已面临众多选择的消费者面前又多了一个选择，但对于这会对黑莓产生影响，我认为有点夸大了。"史蒂夫·鲍尔默直言："它将是一个缝隙产品，根本没有机会获得大量市场份额。它只是一个500美元的补贴设备。苹果他们也许会赚不少钱，但实际上，如果你将眼光放在售出的13亿部手机的市场内，我更喜欢让我们的软件用在它们中的60%，或者70%，或者80%的设备上，而不是2%或者3%，像苹果可能获得的那样。"

（2）不愿放弃当下拥有的竞争优势，不愿尝试新的挑战

事实证明，巨型企业较为普遍地存在"自我麻醉"的现象。之所以拒绝转型，是因为不愿放弃目前拥有的竞争优势，不愿尝试新的挑战。诺基亚决策层固守优势的思维成为诺基亚手机没落的直接原因。尽管决策层已经意识到iPhone手机的变化，却没有把握住用户需求的脉搏，一个重要的原因是，固守自己拥有的优势，以及工程师文化过重。

（3）故步自封，缺乏对未来不确定性的判断

在手机刚开始兴起的时候，诺基亚凭借过硬的产品质量，赢得用户的认可，尤其是诺基亚通过高效率的硬件生产制造和物流管理，提升其生产效率。"这恰好是诺基亚这个工程师文化根深蒂固的企业之所长。尤其是在1995年，诺基亚为应对供不应求的良性危机成功重塑了自身的全球生产及供应链系统后，种类繁多、简易耐用的硬件产品和高效精准的运营物流管理，就成为克敌制胜的法宝。"

随着技术的飞速发展，智能手机用户的需求不再局限在精益求精的多种硬件，而是增加对不断更新的软件和服务的需求。

这时，诺基亚高层开始意识到iPhone手机对诺基亚手机产品的冲击。根据《赫尔辛基报》记者劳里的披露："诺基亚执行官说他五岁的女儿很快就搞懂了怎么使用iPhone。一天晚上，他五岁的女儿询问他：'今晚我可以把这个神奇的手机放在我的枕头下吗？'这位执行官马上就意识到，诺基亚遭遇到了危机。"

不仅仅是执行官，诺基亚前创意总监邓肯也持有同样的看法。邓肯在回忆iPhone初代发布会时感叹道："记得看苹果发布会时，我边看边想：对，就应该这么做，苹果做了一些有趣的权衡和取舍，其中一个是电池续航，另一个是产品的耐用程度。10年后的今天，我们都能接受我们的手机电池只能使用一天，我们必须经常充电，甚至放在床头充电……但是十年前，这却是不允许发生的。"

事实证明，iPhone手机的胜出得益于史蒂夫·乔布斯"活着就是为了改变世界"的战略思维。这样的指导思想告诉企业经营者，产品本身不是目的，改变消费者的生活方式才是市场制胜的要素。

如同颠覆创新理论克莱顿·克里斯坦森（Clayton M.Christensen）所言："企业首先要思考的不是产品，而是顾客需要用产品来完成的事情。"

在设计和生产产品时，史蒂夫·乔布斯一直都沿着消费者的生活方式进行思考。在史蒂夫·乔布斯的意识中，智能手机的主要功能是娱乐，可以随时随地使用，而不是被当作工作的工具。

在这种思维的指导下，史蒂夫·乔布斯真正地理解了消费者使用产品的情境和目的。这就是为什么史蒂夫·乔布斯能制造出极致的产品体验的真正原因。我们分析iPhone的系列产品就不难发现，尽管苹果的硬件做得非常出色，但是史蒂夫·乔布斯把重心放到软件上，放到智能手机能够实现的功能上，而不仅仅在硬件上。

客观地讲，苹果并不是在创造智能手机，而是创造了"iPhone+iOS+App Store"的解决方案。在与苹果的竞争中，竞争者们往往只看到了苹果在硬件生产上的极致，却忽视了苹果在软件和体验上的极致。

当诺基亚手机业务被微软收购时，与苹果iOS系统下的应用软件有近80万个，且使用极为频繁相比，诺基亚塞班系统下的应用软件的使用者寥寥无几。

在用户眼中，诺基亚手机赢在品质上，特别是在防摔上可以说比苹果好得多，当诺基亚手机与苹果手机相撞时，诺基亚一定能够赢得胜利，只是诺基亚手机的应用太少。苹果则不仅有通信功能，还集合了工作、娱乐、生活……在互联网+时代，由于苹果更好地读懂了消费者心理，打败诺基亚也就在情理之中。

史蒂夫·乔布斯的做法给中国传统企业的启示是，只有把产品做到极致，才可能赢得消费者的认可。所谓极致，是指达到的最高程度，即做到别人达不到的高度和水准。

学者孙景华在《开启消费者做主时代》一文中认为，"从消费者角度来看，产品极致就是超出消费者的预期。如同海底捞，海底捞上来一个果盘，这个果盘没吃完，有客人问能不能打包带走，服务员说不能。然而，当客人结完账时，服务员却给了他一整个西瓜，并说切开的西瓜不卫生，如果想带走我们给您打包整个西瓜。结果一个西瓜就把那个客人感动得一塌糊涂。所以，客人觉得海底捞做得非常好，自愿帮它宣传。产品均衡化是社会稳定期的法则，产品极致化是时代变迁期的法则。纵向历史角度来看，整个商业社会就是在产品极致化与产品均衡化之间交替往复。"①

众所周知，如果没有极致的产品力，无疑也就没有购买者，更何谈市场拓展；没有极致的产品力，自然也就没有任何忠诚度。

---

① 孙景华.开启消费者做主时代[J].商界评论，2015（08）：54–57.

基于此，极致的产品力，是产品经理研发、设计、生产、制造的基础，没有极致的产品力，其他一切都是空谈。因此，从历史角度来看，德国的机械、日本的电子、美国的信息科技，遵循的都是"产品主义"的路子。例如，德国很多企业家非常重视产品的质量，拒绝投机取巧，尤其注重产品的持久性和耐用性。对此，周鸿祎认为，德国这种重视产品质量的品质，就是"产品主义"的结果。周鸿祎坦言："产品主义是一切优秀者都必须经历的道路，是一切浮躁、投机的天敌。"

正是坚持极致产品的匠心精神，以及在这种对"产品主义"、极致"产品力"的追求之下，360推出了自己的旗舰手机。

例如，作为主力机型的360奇酷旗舰版，就采用了当时主流手机的配置，其最大的亮点在于，360首创了彩色+黑白夜视智慧双摄技术，其中黑白摄像头专门负责轮廓、细节、亮度，彩色摄像头专门负责色彩，最后通过独特的算法，将二者成像合成，噪点可降低95%。

另一款手机360奇酷手机青春版，则采用了全金属机身+指纹识别技术的搭配，开创千元金属、指纹智能手机的先河。360凭借极高的性价比，拓展了千元机市场，争得一席之地。

周鸿祎对此说道："这次我们这款1,999元旗舰机，应该说价格不算低，在799元、699元大行其道的时候，这个旗舰卖得这么好的原因，就是同价位里配置最好、体验最好。"

根据公开的信息显示，360奇酷旗舰版手机的网络口碑度较高，尤其是360奇酷手机对于极致产品体验的追求也客观反映在好评率上。在京东商城里，360奇酷手机的好评率达到了97%。360奇酷手机的口碑度较高，一个直接原因就是周鸿祎坚持的极致的产品力。

可能读者会问，什么是"极致的产品力"呢？周鸿祎解释道：你把任何一个无论软件、硬件，把产品体验真正地做到极致，做到让用户真的很喜欢，很多东西就会顺理成章，这就是产品力。所以我一直提这个目标。在每个时代，自己要跟上时代的脚步，就要不断地去做出在这个时代里被大家认可的产品，这是我的原动力。

对于"极致的产品力"，斐色耐灯光化妆镜总经理刘少佳是这样理解的："就是你把握产品的任何一个细节，无论软件还是硬件，把产品体验真正地做到极致，能够超出用户预期，让用户尖叫，并且能够创造需求的产品。"

正是追求极致的产品力，让360安全卫士获得2022年杀毒软件十大品牌榜中榜第一名。

第4章

产品不怕有缺点，就怕没亮点

与苹果创始人史蒂夫·乔布斯时代有所不同的是，由于缺乏颠覆性产品，如今的苹果公司很少推出让人眼前一亮的创新产品，很多研究者以此来唱衰苹果，甚至表达自己的不满。对于苹果手机目前依旧热销的原因，一些人认为是苹果公司首席执行官蒂姆·库克精于成本控制。

客观地讲，在企业经营中，绝不是推出一两款具有创新性的产品就高枕无忧了。因此，随意唱衰苹果的观点忽略了一个事实——无论是创始人史蒂夫·乔布斯时代的苹果手机，还是蒂姆·库克时代的苹果手机，都具有某些其他品牌产品所不能及的品质。

尽管每个用户对品牌的理解各有不同，但是品牌是建立在始终如一的价值交换和品质溢价的基础之上的。品牌是建立在品质这个大厦基础之上的，在乎短期利益的企业，自然不会注重品质要求。从这个角度来看，苹果的胜出是建立在极致的产品基础之上的，即极致的产品策略才是王道。

对此，周鸿祎说道："世界上没有完美的产品，不要怕产品有缺点，就怕产品没亮点。专注差异化产品策略，找到用户最真实的需求痛点，摒弃经验主义，单点突破、做到极致。"

资源有限时一定要单点突破

随着计算机技术的发展，互联网得到了更快的普及。然而，任何事物都有两面性，在互联网飞快发展的同时，互联网安全也面临极大考验。

2006年9月20日，《新闻联播》播出了相关新闻。该新闻报道称，黑客和病毒是威胁电脑安全的两大杀手，然而近年来，被网民们形象地称为"流氓软件"的各种恶意程序正在通过互联网肆虐传播，已成为电脑的第三大公害。

在该新闻中，一位网名叫"小乔"的网友异常愤怒地指控那些流氓软件"根本就删除不了，特别烦"。

10多年前，在中央电视台的新闻中，关于国内互联网行业的报道还比较少，却异常地播报了关于"流氓软件"的新闻，足以证明其问题的严重性。

网龄较长的网民都对"小乔"所言的"流氓软件"记忆犹新:"强行安装,不能卸载,肆意弹窗而且无法关闭,在用户毫不知情的情况下往浏览地址中植入很多乱七八糟的地址列表……"

当我们梳理这段历史时发现,正是周鸿祎打开了"潘多拉"魔盒。如今的周鸿祎早已告别那段野蛮生长的历史,而他也不断地追求做一个用户电脑安全守卫者。

这里,我们来回顾一下在网络上被称为中国互联网流氓软件鼻祖的3721公司的历史。

在周鸿祎读研究生三年级的那个寒假的大年初一,周鸿祎在西安交通大学的宿舍里辗转反侧。此刻,周鸿祎思考的问题是:下一步该怎么走?是去银行、国企工作还是到南方淘金?究其原因,周鸿祎在读大学二年级时,无意看到一本名叫《硅谷热》的书,书里记载的美国硅谷各种创业明星和创新公司吸引了他。于是,周鸿祎创建了两个公司,结果都失败了。

面临人生重大抉择之时,一个在方正就职的学长告诉周鸿祎:"来我们这里吧,毕竟是软件行业老大。"

面对学长的建议,周鸿祎慎重地考虑了一下,觉得很有道理:"我得去大公司见识一番。"

多年后,周鸿祎说道:"我到了中关村,来到了中国IT业的圣地,这一步改变了我的整个人生。"

在当时，一个普通程序员的电脑通常配置2M的内存，部门经理的电脑配置4M的内存。在周鸿祎看来，如此的电脑配置肯定不够用，于是花6,000元组装了一台电脑，扛着就去上班了。对此，周鸿祎解释说道："我自己花钱配电脑用来工作，有什么不好，但有人就说你这就是出风头。"

事后证明，周鸿祎的确是一个干活的好手，从程序员到项目主管、部门经理、事业部总经理，最后做到方正研发中心副主任。周鸿祎很自豪地称"我是方正最好的程序员"，还不带'之一'"。

方正的工作经历，改变了周鸿祎人生的创业轨迹。接触互联网的周鸿祎组织开发了中国第一款拥有自主版权的免费互联网软件——飞扬电子邮件系统。

其后，周鸿祎觉察到了中文网址的商业机会，就是在浏览器上直接输入中文就能链接到用户想要的网址。

周鸿祎说道："当时哪有这种理念，公司给你投一个公司，你还占股。只是希望公司给我点钱，让我再招一些人。干成算公司的，公司看着给我奖励。我需要把这事做成，我需要去改变互联网，但是公司不认可，我只能离开。"

在周鸿祎看来，既然有了如此好的机会，岂能放过。1998年10月，28岁的周鸿祎创建国风因特软件有限公司，网站名叫3721——不管3721，你都能找到想要的。在当时，搜索引擎尚未完全普及，3721产品的推出，给用户带来了极大的方便。

2001年，3721就宣告盈利，是最早盈利的中国互联网公司之一。2003年，雅虎斥资1.2亿美元收购了3721公司。2008年，3721公司在华东、华南、华中、西北、西南设有分支机构，业务遍及中国县级以上城市，拥有近4,000家的渠道合作伙伴。

在当时，3721的对手主要有两个：一个是快速崛起的搜索引擎百度；另一个是主打通用网址服务的中国互联网络信息中心（CNNIC）。

面对竞争者，同时为了让3721获得压倒性胜利，周鸿祎另辟蹊径，放弃传统的推广。具体的办法是，为了让更多中国用户使用3721，周鸿祎率先使用了浏览器地址插件的办法。当用户打开某个网页或安装某软件时，3721插件通过捆绑安装等手段强行安装到用户电脑，甚至专业人士都无法将其完全卸载。

与此同时，周鸿祎通过与许多个人网站合作，让3721弹出相关的窗口广告，有些窗口还无法关闭。在当时，有的用户被迫安上3721上网助手后，浏览器地址栏被无告知地植入20多项URL列表。[①]

为了抵御3721对市场的蚕食，百度搜霸等竞争软件也采取同样做法。在相互攻伐的过程中，3721与竞争者的较量由此升级：不仅强行进入用户电脑，而且人为设置技术障碍，一边积极删除竞争对手的软件，

---

① 刘潇然.周鸿祎，你给我出来［N/OL］.时代周报，2018-02-23.

一边牢牢盘踞在用户电脑中力争不被删除,此举赢得了市场。

来自中国互联网络信息中心的数据显示,截至2003年12月31日,中国的上网用户总人数为7,950万人,同上一次调查相比,中国上网用户总人数半年内就增加了1,150万人,增长率为16.9%,和2002年同期相比增长34.5%,同1997年10月第一次调查结果的62万上网用户人数相比,2003年的上网用户人数已是当初的128.2倍。

凭借此役,周鸿祎的3721的装机量竟然超过7,000万台,几乎插入所有中国网民的电脑,可见3721的产品力。另一个数据是,当时每天使用3721网络实名及其地址栏搜索的用户是3,000万,相比7,000万的装机量,说明至少有一半以上的用户电脑"被安装"了3721,而根本不想使用,却不知该如何才能卸载。[1]

在如此海量的用户基础上,3721的营业收入达到了上亿元。2003年11月,雅虎以1.2亿美元收购3721,周鸿祎本人也由此进入雅虎中国。

当回顾3721发展历史时,周鸿祎说道:"我有时在想,360能走到今天,幸亏我是门外汉,'乱拳打死老师傅'。门外汉没有思维定式,门外汉不会心存敬畏之心。安全行业别人干了20年,他们认为安全就应该这么干,他们也赚了钱。我啥也不懂,别人的做法我不会。但是当你从门外汉的角度来解决问题的时候,可能有不同的创新。正因为无知无

---

[1] 青年导报编辑部.周鸿祎与3721:流氓软件之父的诞生[N].青年导报,2013-05-21.

畏，我们就挑了一个点，杀流氓软件。相反，如果当年我是网络安全的专家，我肯定规划一个宏大的安全计划，要颠覆整个安全行业。我请麦肯锡做半年咨询，做一个很厚的PPT，最后决定我们做杀毒，我们做防火墙。可能我们现在还在规划之中，而且我们所规划的，不一定是老百姓最需求的。可能我们做的产品同质化。你跟别人做相同的事，别人领先你15年，你有什么可能把别人干掉了？伤其十指，不如断其一指。因为你有强大的对手，你又不具备强大对手的资源，资源有限的时候，你一定要单点突破，不能面面俱到。"

此刻的周鸿祎，虽然身为雅虎中国的总裁，但是3721使得他被永远与"流氓"二字联系在一起，颇感不适。

其后，周鸿祎数次公开喊话："我是一个好人，我不希望这些做流氓软件的人都得了利益，最后把屎盆子扣到我头上。我就是要做一个反流氓软件的工具，把不管是谁做的流氓软件都消灭掉。"基于此，周鸿祎推出360安全卫士。数据显示通过360每天卸载的雅虎助手达60万次以上。[1]

周鸿祎告诫产品经理说道："这世界上没有完美的产品。iPhone有没有缺点？刷微博刷半天电池就没了，还不能更换；文字输入绝对不如诺基亚，缺点多了。但它还是有那么多忠实粉丝。"

---

[1] 青年导报编辑部.周鸿祎与3721：流氓软件之父的诞生[N].青年导报，2013-05-21.

周鸿祎解释称,"今天你做个东西,面面俱到好像很平衡,可能就没有市场。因为就像一个老好人一样,没有优点,没有缺点,反正各方面差不多,马马虎虎。我不喜欢这样的人,因为真正有能力的人,优点和缺点都会很突出。所以,做产品不要怕缺点。今天大家都说苹果是一家伟大的公司,可你们记不记得当年乔布斯刚刚返回苹果的时候,这个公司都快被人踩死了。硅谷大佬们聚会都不邀苹果,甚至还有人公开表示,乔布斯就应该把公司解散,把钱还给股东。但是一个小小的iPod,就让跌到谷底的苹果打了一个漂亮的翻身仗。iPod说白了就是一个MP3播放器。这个在中国已经烂大街的东西,为什么在苹果这里得到了新生?第一代iPod没有后来的彩屏显示等花哨的功能,它就选了一个点:在机器里面加了一个东芝的小硬盘,能存上千首歌,号称能把你一生中喜欢的所有歌曲都存在里面。iPod在这个点上做到了极致。在这个点带来震撼之后,如果颜色更漂亮,设计更时尚,再多一个独特的滚轴就能吸引更多的人。但这些只是锦上添花,最根本的还是那一个点。"

苹果的成功,离不开史蒂夫·乔布斯的极致经营战略思维。所谓极致,是指最佳的意境、情趣,达到的最高程度。因此,在个性化需求凸显的今天,用户不仅需要过硬的产品质量,同时也需要极致的产品体验。作为匠人文化倡导者的史蒂夫·乔布斯非常明白,只有充分理解极致的用户体验,才能获得巨大的潜在商业价值。

为了给用户带来极致的体验感,苹果设计研发和生产的产品必须具备创造性、设计精美、高度符合人体工学、技术领先等诸多特点。这样做不仅为了符合史蒂夫·乔布斯极致产品的思维，更是苹果极致的客户体验设计的价值观的理论基础，甚至渗透在所有的环节中。

基于此，苹果将全世界主要城市的高档购物场所作为开设产品零售店的一个选址条件，旨在给用户提供更好的用户体验，间接地扩大了苹果的销售能力。为了提升一些特定经销商店铺的客户体验，如澳大利亚大卫琼斯百货商店，苹果公司甚至还委派内行的销售店面员工驻店指导。不仅如此，苹果与合作企业在共同销售苹果产品与服务时，还建立了战略联盟，如苹果公司与惠普公司合作销售一个联合品牌的苹果iPod音乐播放器，并在惠普公司销售的电脑上预装了苹果iTune音乐播放软件。

在渠道上，苹果还采用各种各样的方法提升客户体验，如与之前没有采用苹果操作系统的经销商——电子产品和家具零售商哈维诺曼公司合作，扩大了其iPod音乐播放器的获得渠道，同时还扩大了苹果的网上店铺范围。

在苹果零售店，任何顾客都可以直接体验苹果产品的功能。当自己置身于一种令人兴奋的、毫无压力的购物环境里，使用苹果提供的产品，又不担心销售员催促购买，自然产品的体验感就会得到提升。

当用户试用苹果产品时，还会得到苹果销售员在使用上的帮助，他们掌握的产品信息量大，能解决用户的疑惑，而且还充满热情。因此，当我们在盛赞苹果产品的品质时，或许读者并不知道，支撑苹果带来极致体验的硬件与软件的基础——苹果在选择供货商时，会挑选全球最佳的供货商的最好的产品。如乐金把最顶级的屏幕提供给苹果公司；三星把最好的芯片制造工艺提供给苹果公司；索尼把品控最为严格、质量最好的摄像头提供给苹果公司；富士康把最完善的组装流程、最严格品控提供给苹果……

苹果把极致理念融入到方方面面。苹果给用户提供的极致体验是建立在产品品质和人性化设计之上的，哪怕是在产品陈列上，苹果也力求比竞争者做得更到位。为了更加极致，甚至还把店面布局注册成为商标。即使与各种代理零售店合作，苹果公司也要求体验区独具一格、科技感十足。

公开资料显示，苹果专卖店对陈列和布局要求相当严格，即使是商品检查清单、展示品走线方式、各种产品的安全保护，桌椅、机器的摆放，商店布局，都必须按照苹果公司极致战略的要求来落地，力求做到尽善尽美。

如苹果体验店的桌子，苹果公司经过层层选择，最终决定让成立于1909年的美国经典家具品牌——FETZER供货。看似平常的木桌，苹果公司却坚持把极致融入各个细节中，全部采用FETZER为苹果独家定制的展示桌，为此支付每张高达6,000美元的价格也在所不惜。在史蒂夫·乔布斯看来，符合其极简主义思想的原木纹、统一的高度厚度标准，产品呈70度摆放的极致风格，这样的展示恰如其分地呈现苹果产品轻盈简洁的极致主义，给用户提供一种难以言状的亲近感。

在极简主义思维下，苹果定制了各种可以打开的抽屉，把打印机、购物袋、路由器、电源、线缆等按照非常精细的方案整齐地收纳。不仅如此，苹果公司还对体验店地面的材料做了明确的要求。为了让体验店更具理想色彩和质感，史蒂夫·乔布斯坚持选用佛罗伦萨灰蓝色砂石作为地面的材料，采集的石头中只有3%被挑选上，其成本是混凝土的10倍。在体验店厕所的标识该选哪种灰色，都曾经在苹果公司的营销会议上专门讨论过。

为了极致，苹果要求经销商执行其管控标准。如广告灯箱，但凡经销商要自行制作灯箱片或喷绘，其设计稿须经过苹果市场部事先批准。即使批准后，经销商也都必须使用标准图片。在广告灯箱的喷绘上，也必须出现符合比例要求的经销商标识和AAR（苹果授权经销商）标识，甚至还要在喷绘或灯箱的右下方打上版权说明的小字。

可以肯定地说，苹果公司对极致的执行是非常到位的，体现在产品陈列上也同样极致。为了给用户提供最简洁舒适的体验，苹果公司还求助于提供陈列、充电、防盗等整合解决方案的专家。公开资料显示，这些专家都在零售行业拥有丰富的实战经验，有的甚至从业超过30年。让这些专家来提供展示设计、销售辅助和技术支持，自然能够为用户提供身临其境的购买环境和产品体验。

当然，中国的多数创业者可能无法达到史蒂夫·乔布斯如此的苛刻要求，但是也必须坚持以点破面的产品竞争思维——我不和你拼整体实力，我一两个点上打败你，也能取得最终的胜利。

对此，周鸿祎举例说道："360刚出来的时候，我们的界面很丑，我们技术很一般，我们就一个优点，能解决问题。不管你的后台是谁，只要是流氓软件，我们就能干掉，而且能删除的流氓软件最多、最全。这一点就打动了用户。如果我们的界面再优美一点，更好。微创新上很多好的营销案例，都是找出用户今天觉得最不舒服的东西，在这一点上，把改善做到极致。"

在周鸿祎看来，在单点上敢不敢做到极端，很重要。周鸿祎经常把产品设计比喻为"欲练神功，必先自宫"。周鸿祎说道："当年我做杀毒软件的时候，内部也爆发了口水战，那个时候我的投资方都快跪下来抱着我的大腿哭了：我们投了你这么多钱，你净干得罪人的事。好不容易有一点收入，明年咬咬牙上市，再把股票一抛，周鸿祎你愿意干吗就干吗。"

在所有的变革中，创业者首先要敢于触及自己的利益。"必先自宫"看的是，创业者能不能放弃原来的优势，能不能放弃既得利益，能不能放弃积累的经验，这些是需要考虑好的。

周鸿祎介绍说道："很多人在原来的行业里是成功的，但互联网会改变所有的游戏规则。最后在互联网里生存下来的不是最大的，也不是最凶猛的，是最能变化、最能适应的。6,500万年之前，一颗彗星击中地球，环境变了，恐龙曾经是地球的霸主，最后消亡了。互联网就像一颗彗星，你愿意变成恐龙，还是新的哺乳动物？关键在于你敢不敢变。如果你自己觉得看到了可以抓住的点，就一定要放手去做。你总是背着很多包袱，有很多顾虑，告诉自己我就稍微做一点改良，这是最可怕的。"

在周鸿祎看来，你的单点突破，虽然可能提醒了对手，对手一旦比你更有魄力，做得更彻底，因为他拥有更多的资源，很快能调转枪口，迎头赶上，但现实是，很多对手却止步在自己已经拥有的优势、利益和经验上，从而给了你超越的机会。

用最朴素的语言总结产品的一个点

在很多企业中，产品经理往往是由技术人员晋升而来，他们深谙产品的技术，甚至还能够提出更好的技术方案。但是，遗憾的是，很多产品经理却因为过于重视技术，把产品最初的设计理念忽略了。

面对这种问题，周鸿祎告诫产品经理时说道："我看到很多技术人员在做产品时犯的一个共同错误，就是太想把自己喜欢的技术展现给用户，把炫酷的技术概念介绍给用户，这就是忘了从用户角度出发。"

在中国企业家中，尤其是国内互联网圈子里，周鸿祎是一位非常重视客户体验的企业家，甚至是少有的几个真正地重视并深刻理解用户体验重要性的企业家。360一系列产品之所以能够取得成功，一个关键原因就是周鸿祎的确迎合并满足了一大批用户的使用偏好和兴趣。

在研发某款产品时，周鸿祎都要弄清楚如何才能让产品更符合用户的使用习惯。正因为如此，周鸿祎在用户体验上花费的工夫就非常多。比如360浏览器，其书签、浏览历史功能满足了某些用户的需求。在操作应用上，为了更好地提升用户体验，360浏览器更是对应用设置、状态栏以及双核切换功能进行了个性化设置。

周鸿祎介绍说道："在苹果都成了街机，电脑已经成了标配的今天，体验就变得更加重要。很多苹果用户都不知道苹果用了什么CPU，不知道手机是双核还是四核，只觉得用起来很爽。用户看到的是谷歌简单的搜索框，不会关心背后是什么样的服务器模型，用了第几代搜索技术。很多技术人员做的产品，过于从自己出发，犯了一个教育用户的错误。"

在周鸿祎看来，用户是不可教育的，用户的习惯是产品经理需要观察适应的。面对这样的变化，周鸿祎解释说道："我们不应该让产品成为教育用户的老师，我们应该通过交互让用户学习……很多产品成功之后，（创造者）会说当年我们多么高瞻远瞩，用户的交互多么漂亮，用户体验多么好，所以获得了成功。可能听了这种分享之后，很多产品经理会回去玩命地打造界面，最后产品还是不成功，为什么？因为你没有抓到用户本质的需求。"

第4章　产品不怕有缺点，就怕没亮点

既然用户体验如此重要，那么什么叫体验呢？周鸿祎的答案是："超出用户预期的才叫体验。"在周鸿祎看来，某个产品经理"做的产品跟别人的一样，不叫体验，很多人在抄袭别人产品的时候，经常说某公司做了什么功能，老板说照着做一个，但是想没想过，如果做的一样，是没有机会的，如果用户用完你的产品后，仅仅达到了预期的效果，就不会形成真正的体验"。

周鸿祎举例：我原来写微博，推荐大家看一本书，叫《商业秀》，里面提到"所有的行业都是娱乐业"，因为娱乐业是最看重体验的。我们在日常生活中，买一瓶水喝了，你有体验，反正能解渴，好歹有一个实在的东西，但是花70元看一场电影、在拉斯维加斯看一场秀，得到了什么？什么都没买到，买到的是一个标准体验。所有电影、所有秀能不能成功，关键在于能不能给你一个巨大的情感冲击。在拉斯维加斯有一家酒店，客人离店走出酒店的时候，门童会送上几瓶冰镇的矿泉水。这个酒店免费给客户提供水，水都是自己罐装的，成本几乎为零。但是，这两瓶水给客人的感觉是无微不至的关怀和超出预期。虽然大家觉得我比你们很多人有钱，但我住酒店也会很紧张，我也不敢随便动里面的东西。到了酒店，到处放着水，会提示这瓶水是免费的，那瓶是收费的，收费还特别昂贵，我把它喝完了，到楼下超市买一瓶一样的放回去。这就是正常的住酒店体验。但是在离店的时候，能够给你免费送水，这就叫超出体验。或者房间里两瓶免费的水喝完了，能及时补上更多的免费

101

水,也叫体验。所以超出体验,不是要你给用户一万块钱,而是你要超过用户的期望。

在周鸿祎看来,这两瓶水根本不值多少钱,但是超出了顾客的预期,让顾客感动。根据这一思想,360开发了一个开机小助手,后来变成了一个流行的范式。当用户使用小助手时,小助手会告诉用户:"恭喜你,你的工资超越了中国1%的人,所以本月你要继续努力""恭喜你,你的起床时间击败了宿舍其他三个同学,还有同学起床失败,正在重启。"

作为产品经理,只有所设计产品超出用户的预期,才能形成体验。而且,体验一定要聚焦,伤其十指,不如断其一指。在360公司内部的一个创新大赛上,有一组产品用户体验部门提的方案,产品设计了四个功能,但周鸿祎认为有一个功能能够打动用户已经很不简单了,用户选择你的产品,经常因为一个特别简单的理由,一个理由足够让他们去选择。我们做产品体验的时候,很多时候应该面面俱到,应该全方位系统性思考,但思考完了,实践的时候要在众多的功能中找到一个点作为突破点。再大的一个市场也需要一个针尖一样的点做切入,所有成功的产品都要找到一个点,通过聚焦,把有限的资源聚焦到一个点上,才能形成压强。有的时候你找到了产品的几个优点,跟用户说有五大功能、六个体系,觉得自己能够记住,你作为老板也可以要求公司员工学习记住,可以把这些内容编成顺口溜,但是对于用户来说真的记得住吗?

周鸿祎举例说道:"有一次看智能电视的广告,说这个智能电视有六大功能,我看了一眼,作为普通消费者,肯定回忆不出来哪六大功能。把一个功能做到极致,比如大家推荐你的产品说,在这个电视上免费电影随便看,用起来比优酷还简单,可能还是一个卖点……怎么验证产品是否聚焦?特别简单,看用户发帖,看用户怎么骂你,或者说倾听用户的声音,用户用一种最朴素的语言,总结了你的产品能够打动他们的一个点。"

周鸿祎复盘了百度与谷歌的竞争。周鸿祎说道:"当年百度超越Google(谷歌)的时候,百度的搜索技术真的比Google做得好?不是,是因为MP3搜索。你会听到很多用户在交流的时候,不会说我去用哪一个搜索引擎搜歌,而会说有一个网站上面可以免费听歌,可以免费下歌。如果能听到用户这样的声音,恭喜你,说明你找到了一个值得聚焦的点,因为这是用户关心的。"

在周鸿祎看来,"关于产品的体验,体验为王的时代,谁能够掌握好体验的力量,从小处讲,可以改善一个产品,可以做出一个受欢迎的产品;从大处讲,甚至能颠覆一个产业,可以改变一个格局。产品的创新,总是把创新理解成做一个研究院,雇很多专家、博士,发明一个类似可口可乐的新秘方,或者申请多少专利,我觉得这是不现实的。所谓的创新就是从用户出发,从用户体验的细节出发,从很多细微之处出发,能够对用户体验作出持续的改进。"

除了持续改进，还必须把体验根植在细节中。周鸿祎举例说道："乔布斯的传记中有一个例子：乔布斯有一天给Google高管打电话，说在苹果iOS中有一个Google Map的图标，放大多少倍之后，第三行一个像素颜色不对，他认为这影响了iOS的美观。这是对细节的一种坚持。"

周鸿祎坦言："虽然苹果的这个例子比较极端，但是很多用户体验往往会毁在细节上，也往往成在细节上，为什么这么讲？当你跟同行竞争的时候，大的功能方面大家不会差太多，其实用户感知的东西，往往是细节。这时候就需要你用设计师的敏感去感受这种细节的内容。"

周鸿祎还列举了两个在细节上做得不到位的案例。一个例子是，关于航空公司的座椅和餐食的。很多航空公司都说自己亏损，大谈长远策略，却没有人关注座椅的空间。很多公司的经济舱的座椅，稍微胖一点的人塞在里面非常痛苦。飞机餐跟廉价的盒饭一个水平，让乘客觉得很糟。另一个例子是关于酒店网络的。有很多人去外地参加会议，可能住在酒店，有些酒店真的很贵，四五千元一晚，却不提供免费网络，倒是很多经济型酒店提供免费上网服务。那些酒店觉得客户很奇怪：你是大客户，都不在乎花五千元住一个套间，为什么吝啬花两百块钱上一个晚上的网呢？周鸿祎说，自己每次住酒店，一发现上网不免费，要另付一百块钱，就特别心疼。这就和请朋友吃饭，十个人一桌，吃一千元，觉得没什么。但是一包餐巾纸收你两块钱，就会感受非常不好，是一样的道理。这种情况不是用逻辑解释得通的，是一种消费的心理，也是用户的心理。很多企业不关注这种细节，最后就失去了用户。如果留心观察，很多时候细节在别人注意不到的地方。

航空公司和酒店的体验案例比比皆是。鉴于此，在设计和研发产品时，周鸿祎就非常注重细节。周鸿祎强调："我前面讲过体验就是力量，实际上也是讲细节，比如360做杀毒，我认为我们的技术超越同行，但是你们各位可能不一定相信，为什么？因为你不是行业专家，你判断不了哪一个杀毒引擎更好，我如果讲杀毒引擎的技术你也听不明白，但是我们成功地颠覆了整个杀毒的行业，靠的是用户体验。这个用户体验广义来说不仅仅是我刚才说的体检、开机加速、一键优化，最重要的体验是什么？给用户超出预期的体验是免费。商业模式颠覆听着不错，但是是马后炮，对用户来说不管什么商业模式，你怎么赚钱我不管，我只知道过去花一两百买一套杀毒软件，现在周鸿祎给我免费了，而且是终身免费，永远免费。当时有的杀毒软件厂商说我们降价一半，我们变得更便宜。这个不叫超出预期，只是说在不断地改善，只有彻底免费才叫超出预期。"

第5章
没有用户体验，就没有商业价值

在体验为王的当下，顾客的话语权越来大，远不是产品满足功能需求就能畅销的时代所能比的。当某个产品经理研发的产品非常走心时，通常不久就会口口相传；一旦某个产品经理研发的产品难如人意，也很快会被一片骂声所淹没。这样的情况，在以前是不可想象的。但是在元宇宙即将来临的今天，每个用户都可以发表自己的对某个产品的看法，即使其声音很弱小，也能很容易地被其他用户听到。现在，每个用户的感受都不能被忽略。

从这个角度看来，一款产品是否能够成功，用户体验成为一个极其关键的因素。当某个用户购买了某款产品，企业与用户的交易这时并没有完成，这只是一个开始，而非终点。周鸿祎解释说道："恰恰相反，当用户拿起你的产品，使用你的产品的时候，用户体验之旅才真正开始，而用户的体验之旅是否愉快，将直接影响到你的口碑，影响到你的销售。在互联网行业工作十多年，经历过很多失败和挫折，我越来越体会到用户体验的重要性。"

产品让用户使用起来感到愉悦

在很长一段时间里，产品经理都把用户体验理解为产品的外观和包装。其实，这样的思维是错误的。产品体验始终贯穿在用户使用产品的全过程中，当产品经理研发和设计得好时，尤其是站在用户立场之上，其产品制胜的关键点就会凸显出来。

在很多场合，诸多企业家不是谈论企业战略，就是谈论营销方法。对此，周鸿祎非常不认同。周鸿祎说道："企业战略绝不能在云端，所有的企业战略一定要具体到你的产品如何解决用户问题，如何让用户使用起来感到愉悦，对我来说，这是非常重要的产品观。"

周鸿祎举例说道："360做了一个小功能，虽然有人不喜欢，但是绝大多数用户感觉很好。我们一直在思考，怎么告诉用户他的电脑状况不太好。通常情况下，用户的电脑不是1和0两种状态，不是要么没有问题，要么有病毒、有木马，而是很多时候处于灰色状态。而且，我们发现中国用户从小受应试教育影响，虽然痛恨应试，但是我们都渴望得高分，所以我们就给大家定了一个电脑体检的分数。很多人一看体检分数很愤怒：怎么才得60分、70分，我要优化。一优化，我们就自动扫描解决很多问题。"

在这个过程中，用户虽然不会明确说出自己需要什么体验，但是作为产品经理必须要创造体验。周鸿祎又举了一个例子："苹果里面很多动作，iPad翻屏的时候，不是一个简单的匀速运动，而是一个加速变速运动，到边的时候，甚至会模拟真实页面的反弹效果，为什么苹果会做得这么细致？我们做一个产品——360安全桌面，在个人电脑上试图模仿苹果的iPad的体验。我们第一版做的是一做切换动作就能把画面切换回来，做完之后，一点感觉都没有。我们找到一个专家，咨询后才发现，苹果里有一个加速的函数，有一个运动的模型，让它的体验可以被你感知。"

在周鸿祎看来，好的用户体验需要能够让用户有所感知。这也是苹果产品热销的一个关键。在发布iPad平板电脑时，史蒂夫·乔布斯向外界坦言："这是一款富有魔力且革命性的产品。"

苹果iPad问世后，立即掀起了一阵平板电脑热潮，而苹果iPad独占鳌头。《2014年苹果iPad用户行为调查报告》显示，超过70%的苹果iPad用户对其表示满意。在此次调查的苹果用户中，22.7%的网民表示iPad完全满足自己的使用需求，54.2%的用户表示基本满足。认为iPad略有不足的用户占20.2%，完全不满足的用户仅占2.9%。从这组数据足以看出，苹果iPad在用户满意度方面做得比较好。

第5章 没有用户体验，就没有商业价值

看到 iPad 的不俗销量，众多以技术为第一驱动力的个人电脑厂商似乎洞察到了平板电脑的巨大商业价值，一时间都蜂拥而上，涉足平板电脑产品。

2011年3月2日，精神矍铄的史蒂夫·乔布斯在 iPad2 发布会现场，丝毫没有掩饰自己对竞争者的"挑衅"。史蒂夫·乔布斯再次向世界宣告："我们的竞争者都希望主导PC市场，但实际并非如此。"在史蒂夫·乔布斯看来，在后个人电脑时代，仅仅凭借技术领先是远远不够的，极致的用户体验才是创新的第一驱动力。

史蒂夫·乔布斯的观点得到了市场调研机构 Resolve Market Research 的印证。Resolve Market Research 发布的数据显示，由于用户良好的个人体验，38%的美国用户在拥有 iPad 后，特别是 iPad 带给他们较好的体验感后表示，将不再购买任何便携式游戏设备。

在平板电脑更新换代的选择问题上，很多用户直接把苹果 iPad 产品作为首选。据《2014年苹果 iPad 用户行为调查报告》，有89.2%的受调查者选择继续购买 iPad 产品，10.8%的用户则表示不会继续购买。

在用户的内心深处，苹果产品十分简洁，无论是颜色，还是形状、材质，每一处细节都做得非常极致——外观极致，内涵也极致。

在史蒂夫·乔布斯的产品思维中，产品仅仅是一个工具，是一个帮助用户解决问题的工具。因此，在研发的产品中，史蒂夫·乔布斯始终坚持以个人作为苹果产品的目标用户。反观苹果的产品线，史蒂夫·乔

布斯从来没有把企业或者机构作为目标用户。基于此，史蒂夫·乔布斯开发的产品就必须重视个人的用户体验。

从这个意义上说，苹果公司产品的成功，源于史蒂夫·乔布斯对用户如何使用苹果设备的透彻理解。从用户的角度分析，用户体验至上的产品思维，不仅充分地考虑用户的实际使用的需求，同时又必须考虑用户的承受能力。

资料显示，苹果公司在开发早期产品时，虽然充分地考虑了用户的使用习惯，但是却没有考虑用户的购买承受能力，结果导致销售下挫。例如，1983年，苹果推出Lisa个人电脑（Lisa是史蒂夫·乔布斯女儿的名字），这是全球首款采用图形用户界面和鼠标的个人电脑，比微软公司推出的Windows操作系统更早。

20世纪80年代，苹果Lisa个人电脑是一款具有划时代意义的电脑，使用了许多先进的技术，全面领先于IBM兼容机。Lisa个人电脑具有16位CPU，鼠标，硬盘，以及支持图形用户界面和多任务的操作系统，并且随机捆绑了7个商用软件，其体验感非常良好。不过，Lisa个人电脑与IBM兼容机不兼容，甚至也不兼容自家的苹果Ⅱ电脑，且售价高达9,995美元，这让Lisa个人电脑的销售停滞不前，后来苹果公司不得不放弃了Lisa个人电脑的生产。

吸取Lisa个人电脑的教训，史蒂夫·乔布斯后来把用户能够接受的价格因素考虑进去，同时也更强调极致的用户体验。如从iPod到iPod

Touch，从iPhone到iPhone 6s，从iPad到iPad4，苹果公司每一次产品升级，都大大提升了用户的体验。在上一代iPod Touch、iPhone、iPad还在热销之际，苹果公司就在不断研发并连续推出新一代产品。作为一个高科技公司，苹果公司始终坚持不变的是产品创新。作为一个电子消费品企业，苹果公司始终坚持不变的是满足消费者的体验需求，不断推出能更好满足消费者体验的产品。①

为了让用户体验发挥到极致，苹果公司在iPhone 6屏幕中加入了偏振光片。苹果官网的介绍说："总有些时候，你需要在阳光下使用它。"

如果用户使用的是iPhone 5s产品，当戴上墨镜查看屏幕时会发现，屏幕变得很暗，非常影响用户的感官。所以，苹果公司在LCD显示屏和表层玻璃之间加入了一层偏振光片（镀膜涂层）。其作用类似百叶窗，对光线具有遮蔽和透过功能，让屏幕在戴墨镜的情况下也能清楚显示。当iPhone 6与iPhone 5s都把屏幕亮度设置为最大时，即使是同一界面，戴墨镜看屏幕，iPhone 6比iPhone 5s或iPhone 5c明显清晰；若是偏光墨镜，查看iPhone 5s就会看到一层肥皂泡一样五颜六色的眩光，而iPhone 6没有。

iPhone6使用偏振光片，作用非常明显，这是苹果考虑了戴墨镜这个特定使用场景下提升屏幕感官所做的优化。

---

① 陈武朝.苹果：创新是企业文化的灵魂［N］.教育时报，2016-03-10（4）.

苹果公司除了液晶屏幕本身，还在屏幕外层做了一些改进，在iPhone手机上首次使用2.5D弧形玻璃。众所周知，弧形玻璃比直角玻璃的手感更为舒适。因此，苹果手机使用弧形玻璃功能，不仅提升了iPhone手机的手感，更是提升了用户的体验。

产品的设计要以用户体验为中心，只有使用体验令人愉悦，用户才会认可你并最终用钱包投票。

用户需要引导，但不喜欢被教导

在如今这个产品趋于个性化的时代，一切产品创新，都必须从用户出发，从用户体验的细节出发。产品经理只有从很多细微之处出发，能够有效地对用户体验作出持续改进，才能带给用户更好的产品体验。

周鸿祎说道："很多用户体验往往会毁在细节上，也往往会成在细节上，为什么这么说？当你跟同行竞争的时候，大的功能方面大家不会差太多，其实用户感知的东西，往往是细节，这时候就需要你用设计师的敏感去感受这种细节的内容。"

周鸿祎经常通过这种方法观察各个行业，结果发现，很多商家细节做得不到位，却觉得自己的产品已经做得相当不错了，用户很满意。在用户看来，自己只是不得不接受商家提供的产品和服务。如果商家能认真查找到那些不尽如人意的细节，将它改善，那么可能会带来很好的口碑传播效应。

例如前面提到的，入住一家五星级酒店，上网居然还要收费；乘坐很贵的飞机头等舱，结果提供的餐食令人难以下咽。

对此，周鸿祎讥讽说道："更可笑的是，这样的企业天天讲顾客第一、用心服务，但这样的细节都不能改善，谁还愿意去住这样的酒店，坐这样的航班？"

在360系列产品中，360杀毒软件之所以能够得到用户的认可，一个重要的原因是把用户体验做到了极致。除了必备的防御、杀毒、扫描等安全软件的常规功能外，还整合了一些特别实用的功能。例如，一键下载、升级软件、系统资源的定期和手动清理、优化，以及通过具体的量化标准显示电脑状况——你的电脑开机时间为多少秒，击败了全国百分之几的电脑。

360通过集成和整合的方式，用最直接的方式将各种功能呈现给用户，让用户很轻松地上手，从而提高了用户的体验。

在周鸿祎看来，用户不需要也没必要通过探索、调试才能体验一款产品，更不愿意通过复杂的学习去精通一款产品的使用。对此，周鸿祎说道："用户需要引导，但是他们并不喜欢被教导，产品带给用户的就应该是最简单最直接的使用、交互体验。"

周鸿祎认为，互联网产品是马太效应体现得最淋漓尽致的地方，也许竞争对手在功能和用户体验方面完全胜过360，但是，后者已经建立起自己在用户和影响力方面几乎垄断的优势，而这样的优势越大，竞争对手要打破所付出的成本就越大，机会也就更渺茫。所以，防病毒软件MSE以及CCleaner的组合可能比360安全软件做得更好，Chrome乃至Opera都是相比之下更优秀的浏览器，但它们依旧通通成为360的手下败将。正因为如此，周鸿祎凭借安全软件、浏览器、游戏平台、导航页面乃至搜索引擎，成功打造了一个涵盖桌面软件和移动市场的360产品生态体系。

在周鸿祎看来，如果产品的细节做不到位，即使下大力气，付出大成本在电视、报刊上投放品牌广告，其效果也不会太好，甚至可能适得其反，毁掉品牌。

周鸿祎是这样解释的："其实我不懂餐饮，不懂航空，也不懂商务旅行，但是换位思考之后，我发现无论是虚拟服务，还是实体服务，在实现的过程中都存在着大量可以改善的细节，这些都是提升用户体验的机会。"

在周鸿祎看来，不管什么行业，对每个商家来说，技术革命的影响是长期的，平等的。在技术条件相差不大的时候，我们通过用户体验设计，有效提升用户体验的满意度，让用户感觉更愉悦、更有价值，这是打造品牌、建立口碑的一种有效方法。

对于这点，老干妈就是一个很好的案例。

在传统行业，为消费者提供极致的用户体验是赢得消费者的一个重要因素。正是这种为消费者提供极致的用户体验的经营理念，成为陶华碧朴实经营思想最好的理论注脚，同时也是陶华碧特立独行的本钱。

在老干妈公司，陶华碧坚持"四不"（不贷款、不参股、不融资、不上市）模式的底气，在于其强有力的产品和为消费者提供极致用户体验的经营理念。

为给消费者提供极致的用户体验，老干妈不仅多次改良辣椒酱产品，而且还优化供应链，使得老干妈拥有一条制作和销售油辣椒的最优产业链。这个链条打造完成之后，能保证产品的质量，保证企业的利润，又能阻止竞争者进入这个行业，使老干妈为消费者提供极致的用户体验，立于不败之地。

老干妈具有高度稳定的产品品质，无论消费者什么时候买，在哪里买，味道都始终如一，这成了一般企业难以企及的竞争力。不仅如此，老干妈的定价还相对便宜，但是便宜绝对不是低质。这与老干妈的定位有关，老干妈的消费人群集中在中低端收入者。陶华碧非常重视中低端人群这个目标市场，因为这个市场非常巨大，要想占领这个目标市场，必须保证客户价值，把品质稳定做到极致。

梳理一些企业的发展史后我们发现，初创企业在产品占领一定市场，销量规模逐渐增加之后，就会谋求降低产品成本。大多数企业是通过规模化效应、技术提升、管理改进等合理降低成本，但是个别企业为了降低产品成本走上了歧途，在产品原料和工艺上投机取巧。一次微小的调整可能大部分消费者觉察不到，但是多次降低产品的品质后，必然导致产品的品质明显下降，最终被消费者无情地抛弃。在老干妈的初创时期，许许多多的竞争对手并不是被老干妈打败的，而是被自己打败的。在老干妈的发展和壮大过程中，陶华碧用过硬的产品品质，在没有门槛的辣椒酱行业，活生生地造出一个门槛来。

1989年，创业之初的陶华碧开了一家简陋的小餐厅，起名"实惠饭店"，专卖经营凉粉和冷面。为了更好地招揽回头客，在当时，陶华碧特地制作了一种麻辣酱，在销售凉粉时作为专用佐料，结果食客络绎不绝，生意十分兴隆。

当陶华碧一如既往地经营餐厅时，一次意外让她陷入深深思考。有一天早晨，因长期劳累过度，陶华碧在起床后感到头晕得很厉害，就没有像往常一样去菜市场购买辣椒制作麻辣酱。在陶华碧看来，拌凉粉的佐料有好几种，缺少麻辣酱也不会影响生意的。让陶华碧没有想到的是，顾客前来吃凉粉时，发现没有特制的麻辣酱，居然转身就离开了。

陶华碧对此困惑不已："怎么会这样？难道来我这里的顾客并不是喜欢吃凉粉，而是喜欢吃我做的麻辣酱？难道我这个小店生意兴隆，也是因为有这种麻辣酱不成？"

此次事件对陶华碧的影响很大。陶华碧敏锐地觉察到特制麻辣酱的巨大潜力。从此，陶华碧潜心研究起来……经过几年的反复试制，陶华碧制作的麻辣酱风味更加独特了。麻辣酱引来了更多食客，一些食客吃完凉粉后，会购买一瓶麻辣酱带回去，甚至有人不吃凉粉却专门来买麻辣酱。

与麻辣酱的火爆相比，小店的凉粉生意却越来越差，陶华碧做的麻辣酱做多少都不够卖。陶华碧又纳闷了："麻辣酱充其量只是一种食品作料，这些人买这么多回去，吃得完吗？"

陶华碧积极寻找其中的原因。有一天中午，陶华碧的麻辣酱如往常一样很快销售一空，吃凉粉的客人也几乎没有了。于是，陶华碧关上店门，想出去看看别人的生意怎样。

陶华碧走了10多家卖凉粉的餐馆和食摊，却发现人家的生意都非常红火。一番打听后，发现原来这些餐馆都在用陶华碧的麻辣酱做佐料。正是这次发现，让陶华碧发现了辣椒酱的商业潜力，慢慢打造出了"老干妈"品牌。

周鸿祎曾告诫创业者，用户体验的第一核心不是设计，用户体验最基础的是用户需求，如果脱离了用户需求，一个产品设计得再漂亮，也无法和用户共鸣。选择一个产品，设计师可能因为设计好看买回家，绝大多数小白用户会问一个简单的问题：我用这个产品解决什么问题？这个产品给我什么价值？如果这个问题不能解决，用户不会想跟你谈，但是有太多的用户体验忽略了这一点。

周鸿祎提道：我在外面看了几个产品，第一反应不是看界面，是看描述，用户在什么场景下来用，这是用户体验最重要的。大家所谓的用户调研、用户分析、用户访谈，都不是让用户来看你的界面，而是上来想用户什么场景下才会用。这里很多产品经理有一个弱点，就是他们提出的用户场景是经不住推敲的，用户根本没有这种需求，这种需求是他们想象出来的。我跟很多产品经理讲，你的产品第一版界面可以不漂亮，设计上可以有瑕疵，功能可以很简陋，这些都不成为用户拒绝产品的理由，用户拒绝产品的唯一理由是跟你无法共鸣，看了半天不知道这玩意儿有什么用。

周鸿祎举例说，腾讯今天的产品已经做得很漂亮，但第一版的产品很简陋，功能比现在少很多，可是确实解决了当时年轻人缺乏沟通工具的问题。360今天的功能也做得极其庞大，甚至有点庞杂，产品也很多，但是360第一版极其简陋，跟其他杀毒软件没有办法比，功能也极其简单，能力也很薄弱，甚至一个流氓软件都能把它卸掉，连基本的自我保护能力都没有。当时360安全卫士能够起来，不是因为产品做得有多好，而是因为当时有一个巨大的市场需求：2006年，流氓软件横行网络，很多用户苦不堪言，360安全卫士能杀流氓软件，能够解决用户的痛。周鸿祎认为最好的产品是能解决用户的痛的产品，痛越大，这个产品就越能受到用户欢迎，就能拥有更多用户，有用户能成长，就有机会去改善。

大家奉为设计大师的乔布斯，刚回苹果的时候，并没有后来这么厉害。他1997年回苹果，最先做了几个彩壳电脑，得了工业大奖，问题是：

这些改变苹果了吗？没有，因为没有真正找到用户的需求。为什么后来iPod满足了用户需求，iPod真的是一个蓝海市场吗？错。它是一个新发明的需求吗？根本不是，听音乐是很多人的基本需求，很早就存在。当时，在美国的很多诉讼中都反映了美国大学生在网上下载歌曲听歌的需求，iPod顺应了这个需求，没有这个需求去空谈iPod的触摸调节、白色漂亮，这都是空洞的东西。周鸿祎反复强调，当策划一个产品的时候，第一步想到的不是配色，不是外形，是用户到底有没有这样的需求。如果是弱需求，这个产品将来推广起来非常难；如果是强需求，是用户拒绝不了的需求，这个产品就很大概率能成功。

在创业型公司中，创始人为了企业能生存下去，往往把产品的品质放到首位，品质成为赢得市场的圭臬。2012年，周鸿祎在一次会议上畅谈了他的产品观：最近微信谈二维码，二维码是强需求吗？手机里没有装二维码的应用似乎也不影响什么，为什么在微信之前所有做二维码的公司都不太成功？因为它是弱需求。人们问装能扫码的应用有什么用，你会说它很方便，能方便地扫码。人们又问：哪有二维码啊？你跟商家谈开通二维码。商家说二维码可以试一试，但是你有用户吗？结果当时没有多少用户，于是成了一个死结。今天微信增加二维码应用成功了，说明二维码是好东西？错。你装微信是因为它有二维码？不是。你装微信，是因为它有朋友圈，能交友。我非常尊重微信这个产品，我一直把它作为产品成功的范例，在我们内部进行反思和学习。有了一个强需求之后，在2亿用户（注：如今微信月活跃用户超过13亿）基础之上，加上一个二维码的应用，大家自然延展使用了。但是很多创业公司，没有仔细分析用户需求，只是看到别人做二维码，我也做，殊不知别人做能成功，是因为有2亿用户的基础；你做不成功，因为你没有强大的需求。

很多产品，是强需求，所以会有用户，用户不断地提要求，不断地持续改进体验，体验越改进越好，最后就成功了。"

第三部分

优秀产品经理的"四心"

我觉得我是360最大的产品经理。当然,我认为这不是因为我有多么成功,而是因为我曾经是最大的失败者,曾经在用户体验上犯了非常巨大的错误,甚至被别人骂得狗血喷头。很多人看到的是我投资和参与做的成功产品,但没有看到背后还有很多不成功的功能、不成功的产品,这些失败没有被大家所关注和记得。但正是这些经验教训,才帮助我做出更好的产品。我觉得要成为优秀的产品经理,还得有"四心"。

——360创始人周鸿祎

第6章
用心：对自己对产品负责任

作为优秀的产品经理，在产品的研发方面，周鸿祎颇有发言权。周鸿祎认为，作为一名优秀的产品经理，必须拥有"四心"——用心、同理心、留心、没心。据周鸿祎介绍，设计一款爆款产品，第一点就是必须用心。

在周鸿祎看来，真正地用心，对自己的岗位负责，对自己设计的产品负责，是作为一个产品经理的基本前提，否则称不上产品经理。

不能把一个产品做到极致就是没用心

在研发产品时，"用心"这两个字说起来简单，却蕴含着诸多的含义。很多人原来在公司里做产品，是为自己在做，还是认为在执行老板、上级的命令，真的在用心吗？

在周鸿祎看来，产品经理如果把自己看得太小，只把自己视为一个"打工的"，如此思维和胸怀，是不可能成为一个真正能做好产品的产品经理的。对此，周鸿祎告诫产品经理说道："我希望如果各位听了我的心得，回去在公司上班的时候，也不用管公司是不是你自己的，你拿出一点创业精神。很多人讲我又不是创业者，我干吗要创业精神？难道非要你自己办公司才能把一个产品做好吗？"

作为产品经理，在公司的平台上，花着公司的钱和资源，如果不能把自己充分调动起来，把一个产品做到极致，让这个产品在市场上获得成功，那么就是没有用心。

假设产品经理今天从公司领出一笔钱，自己再做一个公司，未必就能提升做产品的能力。对此，周鸿祎解释说道："我跟产品经理讲，你心里要有一个大我，要对这个产品负责任，要把这个产品看成你自己的产品。我认为每个人都是有潜力的。很多员工、很多产品经理做产品，我们能挑出产品的很多问题，但是他也尽到了他的工作职责，而仅仅靠尽到工作职责很难成为优秀产品经理。"

周鸿祎补充说道："我做公司这么多年来，看到很多同事好不容易买一个小房子，然后装修，他们都成了装修专家、瓷砖专家、马桶专家，为什么呢？因为这是他的房子，他每天花很多时间在网上搜索，每天到建材城和卖建材的人斗智。只要拿出装修自己家的精神，一个外行能够成为瓷砖专家、浴缸专家，我们没有理由不成为一个产品专家。"

在周鸿祎看来，只有对产品用心，才能赢得用户的认可。周鸿祎还不隐晦地说道："大家觉得我在产品上有一些心得，实话说，每次做一个新的产品，我也不是随便能拿出几个锦囊，也不能三分钟就有灵感。我也花很多时间看同行的东西，去论坛看用户评论，花很长时间用这个产品，每个产品都是要呕心沥血，有时候感觉做一个产品像一个妈妈十月怀胎生一个孩子，就算你成功养育了三个孩子，第四个孩子不用十个月，三个月就生出来，可能吗？还是要经历十个月的痛苦的孕育过程。我觉得用心，对自己负责任，对自己做的产品负责任，是作为一个产品经理的基本前提。"

当然，只有对产品负责，才能充分地让资源效率最大化。

有些产品经理在公司的头衔不高，职位不高，当需要协调很多人或者资源时，经常遭遇技术部门的白眼，忍受公司不同高管提出的不同方面近乎矛盾的要求，甚至有时候不得不忍受一些所谓"白痴领导"给他的指令，而且很多时候还要协调公司内部不同的部门。

周鸿祎认为，产品经理应该把自己当成企业的一个总经理，虽然人微言轻，但是也要敢于说话，敢于表达自己的意愿，敢于对一些意见说"不"，这样才能推动很多事情的进展，哪怕非常艰难。

一个产品经理在公司里历经很多波折，甚至是互相扯皮，最后能够把一个产品往前推动了，并不意味着一定要授予一个头衔，周鸿祎由此认为，产品经理就是总经理，如果能够如此做一回，即使有一天他去创业，也能够成功。

成功创业者就是优秀的产品经理

在美国那些创业公司中，压根就没有产品经理这个职位。周鸿祎说道："主程序员就是产品经理。换句话说，一个优秀的产品经理，如果有一天想创业，想拥有自己的生意，想拥有自己的事业，如果不能够成为一个优秀的产品经理，坦率地说很难，成为产品经理是一个最重要的前提。"

在这里，我们就以同仁堂为例。回顾同仁堂的历史，从最初的同仁堂药室到如今的北京同仁堂集团，同仁堂历经了清王朝由强盛到衰弱、外敌入侵、军阀混战，以及中华人民共和国的建立，其沧桑的历史印证了一个三百多年老店的传奇。

在这个传奇金字招牌的背后，屹立三百多年不倒的秘密与同仁堂重视药品质量是分不开的。同仁堂开业初，创始人乐显扬十分重视药品质量，且严格坚守药品的制作流程。

在第二代，乐凤鸣（同仁堂创始人乐显扬的第三子）子承父业，于1702年在同仁堂药室的基础上开设了同仁堂药铺。乐凤鸣不惜五易寒暑之功，苦钻医术，刻意精求丸散膏丹及各类型配方，分门汇集成书。

在该书的序言中，乐凤鸣提出："遵肘后，辨地产，炮制虽繁，必不敢省人工；品味虽贵，必不敢减物力。"以此可以看出，乐凤鸣的要求为同仁堂制作药品建立起一套严格的选方、用药、配比及工艺规范，且代代相传，由此培育了同仁堂良好的商誉。

在过去，作为供奉御药的北京同仁堂，建立了严格的选料用药制作传统。正是因此，同仁堂的产品保持了良好的效果，建立了极高的信誉。即使在今天，为了保证药品的质量，同仁堂仍然坚守选料关口，除严格遵守国家规定的用药标准外，同仁堂对特殊药材依然坚持采用特殊办法以保证其上乘的品质。

例如，同仁堂制作的乌鸡白凤丸，其选料需要纯种乌鸡。为此，由北京市药材公司在无污染的北京郊区饲养乌鸡。在饲养的过程中，乌鸡的饲料和饮水都严格把关，一旦发现乌鸡的羽毛骨肉稍有变种蜕化，立即淘汰。正是这种精心喂养的纯种乌鸡，质地纯正、气味醇鲜，其所含多种氨基酸，有效地保证了乌鸡白凤丸的药品质量。

同仁堂的主要产品是中成药。为了保证药品质量，除了处方独特、选料上乘外，还必须坚守严格精湛的工艺规程。究其原因，炮制一旦不依工艺规程，不能体现减毒或增效作用，或者由于人为的多种不良因素影响质量，其药效就难以保证，甚至还会使良药变毒品，危害患者的健康和生命安全。

在中成药的生产流程中，从购进原料到包装出厂，总共上百道工序，加工每种药物的每道工序，都有严格的工艺要求，投料的数量必须精确，各种珍贵细料药物的投料误差控制在微克以下。例如，犀角、天然牛黄、珍珠等选料最终研为最细粉，除灭菌外，必须符合规定的罗孔数，保证粉剂的细度，且颜色必须均匀、无花线、无花斑、无杂质。

像同仁堂这样的案例，也同样在日本百年企业中存在。"虎屋"（Toraya）是日本最古老的糕点品牌之一，创立于16世纪。资料显示，从创办时起，虎屋就已经承揽了日本皇室御用的差事。在后来的发展中，虎屋迁到位于京都皇宫附近的广桥殿町上，即现在的虎屋一条店。

顾客至上的经营指导思想早就根植于虎屋经营者的血液中，可以这样说，有顾客才有虎屋。

虎屋这个长寿企业有一个存在了400多年的店规，详见表6-1。

表6-1 虎屋的店规内容（部分）

序号	店规内容
第一条	清晨六时起床，打开店门，洒扫庭除。居家节俭为第一。关于此项若有提议，各人可书面陈述己见。
第二条	御用糕点，切忌不净，各人务必铭记在心。 以上一条于人于己皆有益处。勤洗手，常漱口。无论何时，有无旁人，皆当厉行清洁。
第三条	宫中自然不必多说，切莫利用送货之便与顾客闲聊，只需恭恭敬敬，事后尽快返店。途中不可办理私事。
第四条	不必说宫中御用，接待任何顾客切不可有不予理睬等无礼之事，须处处用心。亦不可有议论顾客的风言风语。

第6章 用心：对自己对产品负责任

在第一条店规中就规定，早上六点必须起床，之后打开店门，然后再洒扫庭除。这主要是在当时，所有店员都吃住在虎屋这个店铺里，所以可以同时起床打扫卫生。然而，让读者可能没有想到的是，在第一条店规中，居然还提到如何才能做到节俭的问题，希望虎屋所有店员积极提出各自的建议。

虎屋的第二条店规，主要是针对宫中御用糕点的详细规定。对于任何一个食品企业而言，严格的卫生管理都是必需的。不过，在该店规中让我们觉得有意思的是，无论什么时候，无论有没有他人看到，都必须厉行清洁的这条规定。

虎屋的第三条店规规定了店员不准利用外出机会偷懒取巧或办理私事。一旦不严格进行管理，店员自然就会松懈。

虎屋的第四条店规详细地列出体现顾客至上理念的措施。从虎屋的店规可以看出，糕点店通过质量和价格赢得顾客。为了让每位顾客愉快地购买商品，要注意不对顾客评头论足。这是处世的原则，也是贯彻执行顾客至上原则的理所当然的措施。[①]

[①] [日] 船桥晴雄.日本长寿企业的经营秘籍 [M].北京：清华大学出版社，2011：38–42.

第7章

同理心：从用户角度出发

作为产品经理，不管是在研发，还是设计产品时，都需要站在用户角度思考问题，否则将事倍功半。

千万不能用工程师思维来做产品

在用户的印象中，路由器通常是灰突突地放置在卧室或者客厅的角落里。如果产品经理也这样思考，那么他的思维就太狭隘了。在当下产品为王的时代，无论设计路由器，还是设计其他硬件产品，都需要把功能和外观整合起来，甚至要以各种吸睛的优美设计为基础。

2015年6月6日，周鸿祎在颠覆式创新研习社演讲时谈到了产品经理在硬件设计时，应该重视产品外观。周鸿祎坦言：360大户型路由器在过去6个月的单品销售量已经突破100万,但是,要让用户真金白银地买一个硬件,颜值特别重要。

在周鸿祎看来,360路由器得到用户的认可,是源于从用户的使用和需求的角度出发,不仅满足了路由器自身的功能,同时还解决了用户的路由器颜值不高的问题。对此,周鸿祎讲道:我的路由器做得很成功,为什么?我终于领悟到做硬件和做软件有一个差别,很多做软件的人第一次做硬件,都忽略的一个差别。软件基本都免费,下载无成本,软件难看好看都是图标文字。如果用户用起来觉得功能不错,又是他的刚需,有的时候体验差一点用户可以容忍。反正软件可以升级,实在不行用户可以卸载。相比于软件,硬件却不一样。用户购买硬件后几乎很难再作较大的改动,在选择时用户就会更谨慎地考虑,考虑得更全面。基于此,产品经理要让用户花真金白银地购买一个硬件,这个硬件不仅需要满足日常的功能,而且其颜值还特别重要。

周鸿祎认为做手机应该找四种人,其中一种人就是设计师,在硬件产业中设计师特别重要。你的颜值、你的工艺决定了用户是不是会一见钟情。他举了一个例子:最近观察到用苹果笔记本的人越来越多,苹果笔记本哪一点做得好?很多人买回家也是和别的笔记本一样装常用的办公软件来使用,但它的颜值比较高,人们就愿意买。

在设计路由器时,周鸿祎把外观设计放到重要的位置。2015年11月,周鸿祎在一次演讲里反思了第一代360路由器失败的原因。

周鸿祎反思说道："很多产品经理不成功，是因为他们太自我了，觉得自己是专家，有了太多的假设，但是产品经理不能假设，你不能假设用户一定能理解你的想法，不能假设用户可以知道你做了一个功能，可以找到这个功能，还可以把它用起来。"

在总结这款产品失败的原因时，周鸿祎称，最大的教训是"千万不能用工程师思维来做产品"。为此，周鸿祎举例说道："比如说第一代路由器没有外置天线，工程师说，我用的是最新的内置天线技术，信号更好啊。但后来发现用户根本不买账，因为用户总觉得，没天线信号肯定好不了。"第一代360路由器见图7-1。

图7-1　第一代360路由器

在设计第二代360路由器时，周鸿祎特地设计了四根天线，两根外置两根内置，不为信号好，就为了符合用户使用心理。第二代360路由器见图7-2。

图7-2　第二代360路由器

周鸿祎分析称，一般地，路由器的接口往往都是4个，而第一代360路由器只设计了两个接口。其理由是，工程师通过市场调查得出的结论是，用户平均只用1个接口，做2个足够了。但是用户不那么想，很多用户认为，虽然我用不了4个接口，但是买这种我的选择余地大，价格差不多的情况下为什么购买2个接口的呢，所以用户还是不买账。

在反思中，周鸿祎还分析称，在设计上，工程师把第一版360路由器设计得非常小巧，像鹅卵石一样，非常圆润优美。

事后，周鸿祎说道：你觉得是鹅卵石，用户看起来像肥皂盒，肥皂盒就卖不了好价钱。而且路由器给客户的印象是一个类似家电的设备，它不能太小。人们送礼的时候，都挑盒子大的买，小了用户不买账。

做产品必须从用户的角度出发

周鸿祎认为，产品经理"在做产品的时候，不能假设用户理解你的想法、假设用户知道你的功能，这种以自我为中心的工程师思维是最要命的"。

在公开讲话中，周鸿祎解释说道："信息技术发展到今天，已经出现了严重的信息过剩，产品信息也是如此。在浩如烟海的同类产品中，你的产品体验一定要能够给用户足够的冲击力，否则不如不做。如何让用户全方位感知你的产品，这是一门学问。当你学会从用户的角度反观自己的产品时，就能看到产品的很多破绽，机会也随之而来。"

周鸿祎认为：最大的难题是心态，很多人表面谦卑，内心却无比狂傲，认为自己的产品"天下第一"，那是乔布斯的境界——从不做市场调查，认为"用户不知道自己想要的是什么"，硬生生无中生有创造出智能手机的庞大市场。对于这一点我无比佩服，然而不是谁都是乔布斯，斯人已逝，苹果公司也一步步走下了神坛。当你还没有成为乔布斯的时候，请你遵照市场规律，将自己的心态放低，打破"知识的诅咒"，真正进入"小白"状态，想想用户到底为什么选择你的产品。

周鸿祎提道："当我们在试用其他公司的产品时，总会不自觉地将自己当成真实的用户，发现这个功能没用，那个按钮不好。这时候我们的产品体验是最真实的。对待自己的产品也理应如此，这就是我经常提到的'同理心'——观察自己作为普通用户的产品体验和感受，并扪心自问：'我的感受代表了绝大多数人的感受吗？'每个人都具有成为产品经理的天赋，但不是每个人都能拥有'同理心'。"

周鸿祎有此感悟源于其自身的教训。周鸿祎回忆说道："在用户体验方面我曾犯了一个错误，我原来特别想强调路由器的辐射问题，路由器有没有辐射，我真的不知道，因为感知不到。但是我们打安全健康牌，做了一个低辐射模式，把信号调到最低。这个功能受到少数孕妇欢迎，结果我拿了一台路由器回家用，怎么没有信号呢？这时候我非常地愤怒，这个时候我已经不是理性的周鸿祎，而是作为一个感性小白用户的周鸿祎：我的路由器怎么没有信号？信号怎么这么弱呢？我早就把辐射问题扔在九霄云外。所以，第二版路由器我说信号一定要强。我们把这个路由器定名字是大户型路由器，这也是一个体验的问题。今天，起名字一定要直观。为什么叫大户型路由器？什么是大户型，大家觉得可以定义吗？在香港40平（方）米就可以说是豪宅。大户型是每个人都向往的目标，所以你买不起大户型，可以买得起大户型的路由器。有一个公司东施效颦，他们给路由器起了一个名字——别墅型路由器，这个名字效果不好。因为大部分的人肯定明确地知道自己住的不是别墅，别墅不是今天的幻想。所以起名字也好，做产品功能定义也好，所有的依据都是站在用户的角度说，用户会怎么看。"

在周鸿祎看来，"做产品，无论有多好的技术、多好的设计，给用户提供服务，都要把握一个理论，即从用户角度出发"。

正是因为如此，像一些百年老字号，虽然遭遇多次生存与发展危机，但是因为得到消费者的认可而延续百年经久不衰。能够在竞争中坚持百年，需要坚守"从用户角度出发"的理念，适应优胜劣汰的丛林法则。只有在市场的大浪淘沙中生存和发展的企业，才会磨砺出坚强的生命力。

"从用户角度出发"强调了用户体验的重要性，这也是为什么用户体验不叫产品经理体验、老板体验的关键所在。究其原因，所有产品体验必须是从用户角度来看，有些产品经理认为的好产品，用户未必就会购买。

在影响用户购买决策的因素中，用户选择一个产品的理由，与技术专家选择产品的理由，有时大相径庭，甚至是天壤之别。

其实，用户选择产品的理由非常简单，这就要求产品经理学会站在用户的角度思考产品的功能。这样的做法对很多产品经理来说看似简单，但是很多产品经理在实际工作中却很难做到。每个产品经理不管成功与否，随着经验增加、阅历提升，讲得最多的是什么？是我认为、我觉得，太自我，所以产品经理很多时候在设计产品时，更多是给自己做，而不是给用户。

第7章　同理心：从用户角度出发

对此，周鸿祎的解决办法就很简单。周鸿祎说道："在产品讨论时，一旦出现激烈争论互不退步的局面，说明争论双方可能都没有站在用户角度，都是认为自己是对的，对方是错的。如何能够将心比心？心理学上有个词，叫同理心。从用户角度出发考虑问题，对很多人来说不是能力问题，是一个心态问题。原来我有一句话，教育过公司里的很多人：像小白用户一样去思考，思考完了得出结论，像专家一样采取行动。很多人颠倒过来了，像专家一样思考，像小白一样采取行动。"

在周鸿祎看来，产品经理要能迅速进入小白状态或者傻瓜模式。周鸿祎的理由是："我在公司里常常和产品经理们讨论产品，我对产品经理绝对是一个挑战，这是因为我能够这么多年被用户骂，能经常到第一线看用户的帖子，能在微博做用户的客服。这不是为了作秀，是为了保持真正掌握用户的想法，将心比心。"

周鸿祎认为，通过不断地历练，现在自己已经有两个"我"。一个是作为产品经理的"我"，一个是作为产品"小白"的"我"。公司产品经理做出一个产品给周鸿祎试用的时候，技术出身的他有多年的技术和产品经验，按钮和功能很快能熟悉了解，难不住他，还有那些写得很晦涩的说明书，他看一遍，稍微动脑筋一想就明白了。作为产品经理的"我"，用这些智能硬件会觉得很顺畅，没什么问题。但此时，第二个"我"又会站出来：这个按钮是做什么的、那个按钮是做什么的、为什么要按好几秒、说明书里的专业名词是什么意思……这个进入小白状态的"我"会发现产品体验有各式各样的问题,这就是站在普通用户层面去使用产品的感受。

　　基于此,周鸿祎告诫产品经理说道:"我做产品,至少有一半的灵感是来自用户,这不是说用户会具体告诉你一个产品应该怎么做。具体需求不能直接问用户,一个个用户具体需求不能听,否则会被用户牵着鼻子走。站在用户角度是说把自己置于用户情景中,去看用户为什么会这么想,用户为什么会这么抱怨,这个抱怨的根源是什么。一边是从用户出发的思维模式,一边是产品经理自我的想法,两种思维不断在内心交战,不断自我挑战,使用户体验能找到最好的感觉。"

第8章
处处留心：哪里有抱怨，哪里就有痛点

阿里巴巴创始人马云深知机会就在被抱怨的地方，他说："我在20多岁的时候也抱怨。微软、IBM、思科，他们是大企业而我们是无助的小公司，他们太大了。那时，我们也抱怨过。但是现在我不再抱怨了，因为我们也变成大家伙之一了。我想告诉年轻人的是，如果大部分人都在抱怨，那就是机会所在。有些人选择抱怨，而有些人选择改变自己，帮助改变别人。机会就在那些被抱怨的地方。我永远相信这点，我们也是这样一步步走到今天。"

在马云看来，解决用户抱怨问题的机会，就是创业成功的开始。这意味着产品经理应该处处留心。

产品体验无处不在

周鸿祎在讲话中说道:"很多人觉得在公司工作、开产品讨论会时才是改善用户体验的时候,下班后这事就跟我没关系了,这种人很难成为优秀的产品经理。"

在周鸿祎看来,在优秀产品经理眼中,产品体验无处不在,任何事情都是产品体验。比如坐航空公司的飞机,登机过程、机场安检流程等都是体验。再如医院里,处处皆体验,在一些医院的流程中,你不知道到哪儿交费、拍片子……你要楼上楼下跑很多来回,这是最坏的体验。

在日常生活中,如果把自己当成一个抱怨的用户处处留心,然后再上升一个层次,抱怨完了之后,想想为什么会抱怨,该怎么改善,从而完成一个"头脑体操",有思考的过程,提升自己对体验的感觉。

对此,周鸿祎介绍说道:"产品经理去买车,因为对车不了解,就需要听推销员天花乱坠地讲。产品经理可能并不关心车的某个螺丝是什么做的,但推销员依然会讲。反过来,产品经理打造自己的产品的时候,巴不得把所有技术细节都展现给用户,也不管用户懂不懂、用不用得上。

"再比如买家电,你们真正懂家电的技术吗?很多人因为家电长得好看,或者现场推销员一顿忽悠就把电视买回家了。现在电视有非常多的功能,但回家实际用的还是音量键、开关键和频道键,遥控器上大部分键甚至都没摸过。现在的电视机还有看照片的功能，你们是否把SD卡往里插过？如果插过，你就会知道这个功能并不实用。

"这些都是生活中的点滴（体验）。之所以鼓励大家在日常生活中、不熟悉的领域处处留心，是因为这是发现用户感受、培养同理心的一个非常好的机会。如果在日常生活中——不仅仅是上班那几个小时，或者开会那几十分钟里——能让自己时时刻刻处于小白用户模式下，能让自己在生活中发现体验不好的地方，久而久之，对产品用户体验的感觉就提升了。

"过去一个好的诗人，不是天天在屋里看唐诗三百首照着抄就能写出伟大的诗篇，他有赤子之心，有胸怀，还到处采风，游历名山大川，和朋友喝酒，才能有灵感。很多产品的灵感都是来自产品之外。据说苹果设计师进入苹果公司之前，设计最酷的产品是马桶，很多人觉得很奇怪，怎么设计苹果的人是一个设计马桶的人，你们不觉得在白色上有共同的灵感吗？"

产品设计需要处处留心

在周鸿祎看来，只有处处留心才是一个好的产品经理。只有这样的员工，才能保证企业永续经营和基业长青。

对此，周鸿祎曾撰文写道："我看过几乎所有能找到的关于乔布斯的传记，恐怕中国比我更熟悉苹果历史的人不多。最近三年乔布斯仿佛是把35年的功力一掌击出——他用一款iPhone干掉了诺基亚，再回过身来用iPad对微软和英特尔发起很大冲击，如果算上之前的用iPod超越索尼，乔布斯好像进入了'飞花摘叶，即可伤人'的境界。跟他的这些创新相比，我们现在做事的格局都还不够。但是学习乔布斯比较容易陷入两个误区。第一个是把乔布斯神化。我们都是人，其实乔布斯也是一个有七情六欲、缺点很明显的人；第二，很多人只看到iPhone、iPad和App Store的成功，没有看到成功的过程，就好像看到所有成功的公司都有一栋独立办公楼，那你就得出了结论说'有独立的办公楼是成为伟大公司的必要条件之一'，这种把不是成功真正的原因上升为经验的做法，是贻害无穷的。"

周鸿祎也在探究乔布斯究竟为什么能想到iPhone这么一款产品。周鸿祎的答案是："首先，我觉得这肯定不是一个造化于密室，然后用几年时间去实现的灵感。我甚至可以说乔布斯一开始是没有战略的。因为创新不是大家想的那种，一个人特别厉害，构思出一切。我认为创新就是一种思维方式，或者分散，或者逆向，或者组合。它一定是有基础的。创新应该像我们玩游戏似的，走到某一步的时候突然出现一些新的线索。我猜乔布斯做iPod的时候也没想到日后的iPhone和iPad，iPod卖了一亿部之后再做iPhone，便是水到渠成的事。他只是基于iPod做了很多探索：先把iPod从黑白屏幕变成一个很小的彩色屏幕，一开始只能看照片，然后这个屏幕再扩大，能看视频。这个时候再加一个通话模块是不难想到的。等有了iPhone，想到把屏幕再放大变成iPad，也是顺理成章的。可如果没有每一步的积累，没有用户基础，假如他第一步就做iPad，会怎么样？乔布斯的战略都不是大跨步的战略，他每一步都是在不断地捕捉当前的用户需求和市场状况，然后再往前走一步，包括他打造的App Store。而且乔布斯非常关注细节。他会趴在电脑前一个像素一个像素地看那些按钮的设计，而且他曾经跟员工说：'你要把图标做到让我想用舌头去舔一下'。只有像乔布斯这么关注细节的CEO，才能真正去了解用户的需求。所以，我不认为他做的所有事情都是一开始就从大方向上想好的。相反，英特尔、诺基亚这些公司做的战略都很好，但就是离消费者太远，所以结果要么是发现不了真实需求，要么就是已经在市场上被证明是马后炮的需求。"[1]

面对琳琅满目的自选商品，如今的消费者已变得非常理性，消费心理不再仅仅是过去的价廉物美，通常也把个性化包装、优良品牌企业作为选购商品的依据。一些生产企业为了提升自己的品牌形象，非常注重商品自身包装的促销功能。这样的需求导致包装的设计显得更加重要，逐渐形成了个性化包装设计的新趋势。

同理，在设计时，企业必须系统化思考，对实际情况从不同角度作

---

[1] 周鸿祎.怎样学习乔布斯［J］.中国企业家，2011（05）：53-53.

具体的分析。

随着互联网技术的普及，"80后""90后"消费市场已经成为企业竞相争夺的对象。2014年9月3日，2014年百度世界大会在北京顺利召开，在百度CBG（用户消费事业群组）的论坛中，百度发布了《90后洞察报告》，这份洞察报告以"90后"网民在百度全平台的行为数据和在贴吧"五观调查"中的主观认知态度数据为基准，试图撕下"90后"身上的标签，以大数据还原并解读"去标签"后的"90后"。[①]

在不少人的认知里，"90后"这个群体生活在一个物质环境相对优渥的时代，对金钱缺乏正确的认识，过度消费严重，不知道"疾苦"，也不懂得节俭。然而，《百度90后洞察报告》则客观地得出一个结论——"90后"消费观：对广告无感，为喜欢而买单。在该报告中，"90后"群体的消费观念并不盲目，其消费观则是"消费，只因买来我喜欢"。

该报告数据显示，影响"90后"群体购买商品决策的因素中，质量、价格、外观排在了前三名，名牌与广告通常排在了最后。

对广告无感是"90后"的消费观。正如百度CBG发布报告时称，"90后"是对广告无感的一代。而对于喜欢的东西，85.99%的"90后"表示会通过打工挣钱、省吃俭用攒钱等途径想办法努力得到。所以"为

[①] 新浪科技.百度《90后洞察报告》：大数据解读90后［EB/OL］.（2014-09-03）.http://tech.sina.com.cn/i/2014-09-03/23169593481.shtml.

一场演唱会，吃一个月馒头"在"90后"的消费观里属于再正常不过的行为。从这组数据可以了解到，外观已经影响到"90后"的购买决策，其消费方式逐步从模仿型排浪式消费向多元化、个性化消费转型。一些生产厂家为了迎合消费者追求独特的心理需求，适时地推出了各式各样的定制产品，在市场上反响较好。

鉴于此，在未来由消费者主导而非商家主导的消费时代，个性化定制将会是企业开发年轻客户资源、抢占新细分市场的重要商业模式。

第 9 章
没心没肺：极致不是完美，仍然需要改良

作为产品经理，虽然追求极致，但是，即使是最好的产品也做不到完美，能够帮用户解决问题的产品就是好产品。苹果的诸多产品也有很多缺点，但是在一点或者几点上能够给用户带来强大的诱惑和感动，就已经够了，而不用过分追求完美。对此，周鸿祎直言，作为产品经理，必须"没心没肺"。

做产品做到极致，但不是完美

作为一个好的产品经理，需要对产品的结果负责，心要粗糙一点，要迟钝一点，不要管别人怎么说，要能够经受失败。周鸿祎在讲话中谈道："很多设计师做事要求完美，我做产品要求做到极致，但不是完美，

完美不可能。产品经理要有开放的胸怀，能够听到别人的骂声。对我来说，竞争对手雇'水军'来骂我，虽然很难听，我会咬着牙跟团队说想想产品有什么地方能够改进的，让他骂不出。很多设计师出身的产品经理，有一颗'玻璃心'，被老板一批评就蔫了，被同行一挑战，被用户一吐槽，就说我不跟你讨论了，你不懂。"

在周鸿祎看来，好的产品都需要经过不断地改良，不断地打磨，才能赢得用户的认可。好的产品体验，绝对不是一次到位。因此，作为产品经理，需要不断一点一滴地对产品进行改进。当你们今天去谈论成功公司的产品时，一定不要看到它今天的成功就去模仿，一定要看到它刚起步的时候的原型是很粗糙的。读读《乔布斯传》，看看苹果的真实历史，你就会发现第一代iPod是粗糙的，第一代苹果手机跟摩托罗拉合作并不成功。今天，有很多人在用脸书，很多产品都在抄它的"作业"。脸书第一版是什么样子？第一版就这么漂亮吗？第一版有很高明的设计吗？它的第一版其实就是一个非常简单的，让大家上传照片、分享照片的应用。

周鸿祎总结道：每一个产品最后能成功，都不是一招制敌，更不是一炮而红，而是至少经过三五年不间断地打磨、不间断地失败、不间断地尝试。没有坚韧不拔的心态，产品经理很难做出成功的产品。从某种角度来说，做产品是做艺术品，但是艺术品可以给少数人看，甚至艺术品可以孤芳自赏，而最终的产品还是需要获得商业上的成功。它再是艺术品，还是要获得大众的认同，要去跟大众沟通，跟市场抗争，跟竞争对手竞争。

在这里，我们就以日本的花王为例。成立于1887年的花王株式会社（Kao Corporation），拥有100多年的历史，总部位于日本东京都中央区日本桥茅场町。

花王株式会社的前身是1887年6月开业的"长濑商店"，该商店由长濑富郎创办，主要经营一些进口的妇女日用品。1890年，长濑商店开始贩卖洗脸用的高级肥皂，取名为"花王石碱"。而今，花王株式会社拥有员工3万多人。在东京日用化学品市场上，花王有较高的知名度，其产品包括美容护理用品、健康护理用品、衣物洗涤及家居清洁用品及工业用化学品等。

可能读者不知道的是，花王是从肥皂开始起家的，逐渐涉及洗发液、洗衣粉及食用油，等等。花王一直从事家庭日用品的制造，很多产品是经过反复小幅改良的老牌产品，消费者对其耳熟能详。

花王能保持多年业绩连续增长，得益于花王经营者不断改良产品，让产品跟上时代，但有时也要作出痛苦的经营抉择。在1986年，花王经营者决定裁掉销售额达800亿日元的软磁盘业务。这样的战略收缩让媒体和研究者大吃一惊。

让媒体和研究者吃惊的原因是，在当时，花王的软磁盘业务市场占有率位居世界第一。然而，随着光碟机等新载体的陆续普及，软磁盘业务的收益日益减少。对此,当时的花王株式会社社长尾崎元规在接受日本广播协会记者采访时坦言:"因为这项业务超出了本公司的日用品范围,因此放弃了,重新把重点集中于家庭日常用品。花王的历史,就是从清洁、美这些东西开始的。就公司的成长过程和目标而言,软盘与此格格不入,所以要重返基点,在退出问题上取得了共识。"

可能读者会问:为什么花王在遭遇事业重创后业绩依然维持增长呢?这家长寿企业的优势是什么呢?

资料显示,花王的很多商品独占市场鳌头:洗涤剂的市场占有率达40%以上,漂白剂占70%以上,长年占据首位,其背后的支撑是创业以来从未间断过的对去污技术的研究。

对于改良,尾崎元规如是说:自创业以来,花王从未间断过对去污技术的研究,每天都要搜集员工制服的衣领,将其分成两部分,分别使用新旧产品,观察新产品和旧产品的去污能力有何不同,对洗衣粉的洗净能力反复实验。

事实上,作为日用品的洗衣粉,其市场竞争十分激烈,技术赶超非常迅速,因此,即便是一点细微的技术改造也不容忽视,不间断地改良非常重要。一点点、一步步不间断地改良带来的就是市场占有率不断提高。如,1987年上市的一款洗衣粉已经改良过20多次。花王改良的目的是用更少量的洗衣粉将衣服洗得更干净。尽管花王的品牌没有变,但是产品却在一点一点改良。

对此，尾崎元规在接受日本广播协会记者采访时坦言："周围环境与时代一起在变化，即使现在产品表现很好，环境一变，是否还能维持呢？这就很难说了，要保持信心，时刻随机应变进行变革，对于我们的经营是非常基本和重要的。"

在花王第二代社长看来，即使是优良的产品，也有改良的可能。从花王第二代社长开始，花王肥皂改良延续了百年。

在花王公司，历代社长都在强调和倡导持久改良的作用。历代社长强调，即使是成熟的产品，也有改良的余地；即使是新产品，必须改良的地方也会不断出现。花王率先开设了消费者服务中心，把消费者的声音运用到商品改良上去。

为了更好地改良产品，花王工作人员每天从三百余条的建议和投诉中寻找商品改良的要点。在产品开发会议中，必须有消费者服务中心的成员参加，甚至没有消费者服务中心工作人员的同意，新产品就不能上市。

花王持之以恒地不断改良使其产品深入人心，取得了消费者更深的信赖，这便是这家长寿企业的经营哲学。

忍受市场各种用户建议、正常反馈

在研发产品时，周鸿祎告诫创业者说道："产品经理应该能够忍受来自市场各种用户的建议、正常的反馈，甚至包括恶毒的攻击，所以，得有一颗粗糙的心。有时候我也觉得自己没心没肺的，骂我的人多了，刚开始有感触，后来听多了就习惯了。"

在周鸿祎看来，他是360公司最大的产品经理。周鸿祎说道："当然，我认为这不是因为我有多么成功，而是因为我曾经是最大的失败者，曾经在用户体验上犯了非常巨大的错误，甚至被别人骂得狗血喷头。很多人看到的是我投资和参与做的成功产品，但没有看到背后还有很多不成功的功能、不成功的产品，这些失败没有被大家所关注和记得。但正是这些经验教训，才帮助我做出更好的产品。"

正如周鸿祎所言，接受市场各种用户的建议、正常的反馈，甚至攻击，不断改良自己的产品，才可能做出一款让自己满意的、被市场接受的产品。

没有任何一款产品能够讨好所有用户

在很多场合，周鸿祎都告诫产品经理：作为产品经理，不要试图将产品销售给所有人，这样的做法无疑是愚蠢的。

周鸿祎解释道："我们内部在硬件上的争论比在软件上的多，特别是涉及工艺、材质、外形，比如要不要屏幕、有没有键盘等。但最后，所有的选择都是来自用户怎么看，而不是你做出一个产品想创造一个新门类，妄图教育用户。"

在周鸿祎看来，"在做产品的过程中，都会经历这样的取舍过程——对用户群的取舍、对功能的取舍，甚至对公司利益的取舍"。只有这样，才能利用有限的资源，打造极致的爆款产品。

（1）用户群取舍：不可能把每个人都变成你的用户

作为产品经理，在研发和设计产品时，必须清楚的是：产品一定是用户需要的，不能把产品销售给任何人。

在一次公开讲话中，马云讲述了当年阿里巴巴的一个员工在给其他员工做的"如何把梳子卖给和尚"的培训。

听到这个课程，很多销售人员都异常兴奋。当马云听完这个员工的内训课后，却说了一句话："把这个人给开了。"

可能读者会问：为什么要开除这个培训师呢？马云给出的理由是：这种方法是骗人的。大家都知道，和尚是光头的，根本就不需要梳子。而你却千方百计地把梳子卖给和尚，说白了，其实是有忽悠成分在里面。

基于此，周鸿祎告诫产品经理说道："没有一款产品能够讨好所有人，切勿在产品设计阶段就试图做一个上到80岁老人下到3岁孩子无人不用的伟大产品。比如，iPhone针对的用户群体就是有一定收入能力的人。同样，现在360的产品覆盖面看似很广，微信也人人在用，但在二者刚起步时针对的一定是用户的某个高频痛点，然后在这个点上进行突破。"

在周鸿祎看来，只有拥有了较大的用户基数，你才能不断增加功能、扩大定位，走到更多的用户群里。周鸿祎反思说道：

"360做儿童卫士智能手表，我觉得第三代产品才是真正成功的。在前两代产品上，我们的产品经理犯了很多错误。最早设计的时候，他们希望满足0~10岁小孩的需求，这个想法其实是不对的。因为一两岁小朋友胳膊的粗细和10岁小朋友是不一样的。为了满足所有这些人的需求，儿童卫士智能手表可以做得很大吗？不能。那么就得做得很小，也就意味着电池很小。因此，儿童卫士手表最早的电池容量只有200毫安。

"电池容量小意味着待机时间只有一天，每天都要充电，这就变成了最致命的问题。现在市面上有很多手环产品，为什么大家戴不下去了？可能是因为有一次忘了充电，没戴，发现也无所谓，然后就放弃了。所以，儿童手表电池问题困扰我们很久，内部争论也非常厉害。要把电池做到500毫安手表必然就要大，但手表大的话，3岁以下小孩就戴不了。

"直到我们做第三代产品时，我们决定不考虑很小的孩子了，因为不可能满足所有用户的需求，你不可能把每个人都变成你的用户。但对那些真正的用户，要把产品和体验做好，我们必须把电池做到500毫安以上，必须待机超过三天。"

如此，360儿童手表才顺利突破。

产品经理在产品设计时，必须对用户群有所取舍，同时也必须清楚，不可能把每个人都变成自己产品的用户。

（2）功能取舍：设计产品做减法，而不是做加法

作为产品经理，在研发和设计产品时，必须要清楚，针对某一人群用户精准地满足其需求，而不要妄图用太多功能满足所有人的需求。

产品团队在设计产品时，往往不知道如何做取舍，一味地想做大而全，什么功能都想添加，最终做出来的产品极其平庸，甚至是一款特别失败的产品。因此，在设计产品时，一定要做减法，而不是做加法，把不需要的功能都砍掉。尤其不能在刚设计产品时，就什么功能都添加上，那样反而让产品没有特点，还不如抓住一个点，将其做到极致。

在读者的心中，苹果公司最为自豪的产品自然是电脑和手机，但是小小的iPod却让无数用户爱不释手，获得了与当年的随身听一样的美好体验感。为此，资深观察家撰文指出："我们的世界是混沌的，不可捉摸。我们身边到处都是扇动翅膀的蝴蝶，说不定什么时候你就要和巨头掰手腕……MP3这个产业，就像一个混沌的社会，始终都在不确定中变化，但是苹果iPod的努力表现，让我们产生即将平静的陌生感。"

为了设计极致的外观，史蒂夫·乔布斯缩减了iPod的功能，也缩短了iPod的播放时间。当我使用银灰色的iPod时发现，洁白平整的外观设计，让iPod看起来更为细腻。苹果把iPod外观设计得非常简洁大方，达到了一种极致的境界。这样的设计才是其吸引消费者购买的理由。这也是iPod能够成为行业霸主的一个重要原因。

周鸿祎坦言，作为产品经理，无论做什么产品，都要能够抵得住诱惑，能够在你希望做的功能中作出取舍，找到用户的刚需。我们一直说做产品需要找到用户的痛点，事实上很多人没有理解透。要知道，很多东西对于产品经理来说存在痛点，但产品经理痛并不代表用户痛。作为产品经理，要想想周边其他人是不是也一样痛，这种痛是小众的还是大众的，要和周围的大多数人沟通。

还有一种情况是，产品经理以为用户不需要这样的功能，甚至弄错了用户群。

周鸿祎举例说道："儿童卫士手表最初的预设是，假定很多学校不让孩子带手机，孩子太小不能带手机，所以需要它有电话的功能。但是有产品经理说孩子没有打电话的需求，于是把通话功能给屏蔽掉了。做到第三版的时候，我们把通话功能恢复了，父母可以随时拨一个电话到手表，手表就像一个真正的电话；小孩遇到任何的情况，哪怕就是想爸爸了，想妈妈了，他按一个键可以直接给爸爸妈妈打电话。这个功能变成第三代儿童手表的核心功能。一方面，这让儿童卫士手表不仅仅作为一个安全工具存在，还成了一个沟通的工具；另一方面，我们发现因为孩子有体验，儿童卫士手表的使用频度和黏性产生了指数级的上升。"

（3）利益取舍：损害用户体验的利益不可取

作为产品经理，在设计产品时，必须坚持用户至上，尤其是在设计产品时，一定是以用户体验为第一原则。如果一个产品不顾用户体验，那么这款产品最终一定会失去用户。

对于今天的手机，拍照是一个必备的功能。很多用户更喜欢用手机拍照在微信朋友圈中分享。

从目前移动互联网的发展来分析，拍照分享已经成为大多数用户的习惯，这其实就是大多数用户的痛点。

十多年前，提及拍照，第一时间无疑会想到照相机，那时很多人还用胶卷相机。后来出现了数码相机，使用胶卷相机的人就成了极少数。坦率地讲，数码相机的功能并不一定比胶卷相机好，但是用户更喜欢，因为越是简单的方式，越容易得到用户的认可。后来出现智能手机，其拍照功能越来越强，操作越来越方便和简单。在这样的形势下，数码相机，尤其是卡片相机又逐渐失去了市场。

用户的变化，其实都是用户从体验上自然形成的取舍。对此，周鸿祎说道："奇酷手机有一个颠覆传统手机厂商的举措，就是不做商业预装。从公司利益上来说，当然愿意做（预装），（那样）每年能多好几亿的收入。但是大家都知道，安卓手机的通病是用了一段时间之后就变得卡、慢，预装应用的自启动是很大一部分原因。为了改善这一通病，我们最后决定在360OS里面不做任何商业预装。这样，所有在360OS里面运行的应用程序都需要遵守我们的原则，简单来说就是不自启，用户不使用你的时候，不许在后台启动或者偷偷下载个'全家桶'什么的，这样的行为是绝对损害用户体验的。"

在周鸿祎看来,"无论是成熟公司做产品还是创业公司刚起步,都会或多或少遇到需要作出选择、作出取舍的地方。要想正确地作出选择,最重要的是站在用户的角度去思考,找到你真正的用户,换位想想,如果你是用户,你是不是真的需要这个功能,你希不希望产品团队做这样的事情。"

第四部分

一切颠覆源于致力于做有温度的产品

我做的是颠覆,我颠覆的是商业模式,颠覆已有的商业模式。我们在做反流氓软件时,做免费的杀毒软件时,包括这次的扣扣保镖,都是在扮演颠覆者。比如我在做杀毒软件时,当时已有的厂商们为什么一套杀毒软件要卖300多元?根本不值那么多,是暴利。我通过免费就彻底地颠覆了它们,我要让人知道杀毒软件免费也是可以赚钱的。

——360创始人周鸿祎

第10章
用户怀念周鸿祎的颠覆精神

2017年,学者方浩撰写了一篇名为《人民想念周鸿祎》的文章,很快就刷屏朋友圈,各大网站也都纷纷转载。

该文写道:"你不在(擂)台上这两年,中国互联网江湖完成了一次大洗牌。腾讯和阿里市值先后突破了3,000亿美元,百度还停留在600亿美元,BAT[①]变成了AT。"

对于AT的市场控制能力,方浩异常担心:"A和T膝下儿孙满堂,只要是独角兽,基本都选择了在这两者之间站队。当年你在的时候,投资人都问创业者'如果BAT也做怎么办';如今你不在的时候,投资人都问自己'AT不投怎么办'。以前是创业者to VC模式,现在是VC

---

① 所谓BAT,是中国三大互联网公司百度公司(Baidu)、阿里巴巴集团(Alibaba)、腾讯公司(Tencent)首字母的缩写。

to AT 模式……大家都在看 AT 的脸色吃饭，没想到连王兴这种浓眉大眼的家伙都不得不站队。中国创投圈再没有你这样仗义执言的人了，没有了。"

就这样，方浩把"红衣斗士"周鸿祎拉到聚光灯下。在方浩看来，在目前传统的互联网格局中，"三国鼎立"的垄断格局已经形成。如果想让用户享受到极致的产品或者服务，那么就需要像周鸿祎这样具有颠覆精神的企业家参与市场竞争，否则，壁垒可能阻碍企业创新，导致用户无法体验到期望的产品或者服务。

人们为什么想念周鸿祎的颠覆精神

2017 年，当《人民想念周鸿祎》一文爆红后，作为"红衣斗士"的周鸿祎不得不回应。当晚，周鸿祎的官方微信公众号发布了一篇名为《周鸿祎：致想念我的人民》的文章。以下是周鸿祎回应的全文：

一夜之间，互联网上大家都在想念我，弄得我好像怎么了似的。如果不出来回复下，好像我就真的怎么了似的。

其实我知道，大家也不是想念我，是想念讲真话的人，是想念挑战者，也是想念互联网的"炮火声"。

虽然过去两年的互联网有些无趣，但大家要有耐心。

第10章 用户怀念周鸿祎的颠覆精神

如果把互联网行业发展与竞争比作马拉松,我觉得不是一场马拉松,而是很多场。

互联网创业者,作为一个"马拉松选手"在其中,不应该只看到现在这几场比赛,就觉得格局已定,阶层已经固化。的确会有些选手有优势,但格局总是会被打破的,一定会不断出现新人打破原有的平衡与局面。

创业阶层固化只是短期现象,长远看,任何阶层都会被打破的。记得去年(2016年)下半年乌镇互联网大会之后,不就有人说互联网的下半场是"TMD"①吗?没有人能知道20年后会不会真的是"TMD"时代,会不会有新的独角兽,或者孙猴子冒出来。

从另一个角度看,巨头们更加开放、踩风口、插旗子,就是在担心自己被颠覆,担心自己的格局被打破。这说明,没有谁是不可能被颠覆的,大家都有软肋。

创业者们不需要担心的是,站队也好,插旗子也好,都阻止不了格局被打破。互联网发展中,真正能够阻止格局被打破,或者能够打破格局的,应该是创新。

任何公司,无论是创业公司还是巨头企业,要打破格局、守住格局,就要有创新力,要建立自己的核心竞争力。否则,不管To VC(还

---

① 所谓TMD是指今日头条(T)、美团点评(M)、滴滴(D),创始人分别是张一鸣、王兴、程维。

是）To AT，都是错的，开始创业就奔着 To AT 去，那结果即使被插了旗子，肯定也不会得到用户认可。

过去几年中，风口一个又一个，不管是 O2O 里的补贴大战，还是满街投放的共享单车，我的确很少出现在其中。好多人说我是"红衣教主"，但我真不是，我没有建立什么帝国的心，我一直保有一颗创业者的心态，聚焦自己的方向，建立自己的核心竞争力。所以，我不会什么都插一脚，有些方向我也看不好。

360 目前的战略是聚焦安全，安全是 360 安身立命之本，不吹不擂，我们也已经取得了领先地位。不说远的，就说今年（2017 年）5 月的勒索病毒事件，我们几乎是提前一个月全球首发了对 NSA 网络武器"永恒之蓝"的技术分析，也是全球首家推出 NSA 武器库免疫工具的公司，勒索病毒暴发当天，我们也是首家发布了预警的。

可能大家（觉得）看起来这（件）事情很简单，但这一系列动作背后，是我们多年积累的网络安全原创核心技术，是我们东半球最强大的"白帽子军团"技术实力的成果。而这个事情，是需要沉下心来做的，不是在外面吹出来的。

我过去几年也一直在说，现在有些创业者比较浮躁，不能沉下心做事：追求估值，甚至为了被收购（而）创业。我也不能光说不做，所以过去几年，我去踩了些坑，也沉下心来做了些事情。如果大家想听我讲，不管讲产品（还是）讲创新，我觉得也还是有些东西可以和大家讲讲的。

但我不希望创业者变成跑会的创业者,创业不是跑会听导师讲鸡汤就能成功的。如果创业过程中有问题,创业者应该找到能真正深入交流的机会去沟通。去年(2016年)我和一些创业者有过小规模的闭门交流,我觉得效果很好,至少对我来说,是一个交流学习的过程。

公开场合我也会讲,但实际上,这个时代不缺讲话的人,缺讲真话的人,但真话比较刺激人,估计我讲多了,也会有人不爱听的。

在回应中,周鸿祎认为,人们想念周鸿祎是因为他敢于讲真话。其实,这样的观点不全面,人们想念周鸿祎,不是想念他这个人,而是想念他的"颠覆精神"。这才是《人民想念周鸿祎》爆火的原因,正如该文所言:

你当年脚踢百度、拳打腾讯、鄙视阿里、顺手搅一搅雷军的局,反抗压迫的革命理想也是广大吃瓜群众的心声。现在没有吃瓜群众了,你敢上台跟巨头单挑,举牌小姐就敢用牌子直接砸死你。

还记得你们"2005年黄金一代"吗?360、YY、58、汽车之家、去哪儿、9158、土豆、豆瓣、人人网……你们诞生的那一年,BAT中只有两家刚刚上市的公司,中国互联网没有巨头,不存在BAT,没有风口与独角兽一说,大家都是草莽英雄,彼此不问出身,不讲血统,想做啥就做啥，想说啥就说啥，是中国互联网的80年代。

后来就算上市了，创业者看谁不服也敢怼，你也好，李国庆也好，给微博带来多少流量？而自从拿了巨头的投资，刘强东就"背叛"了……不爱说话了，只顾老婆孩子热炕头去了。王兴偶尔敢说两句，已经算是英雄人物了。程维说一句话要考虑左右两边的感受……雷军干脆只做不说。

大家都在闷声发大财，剧本从天使轮就被写好了：这是通向A的大道，这是通向T的大道。二选一，你熟悉得很。

2013年没能从腾讯手中抢下搜狗，对你和360是个转折点。大家都知道，你对搜狗是真爱，不像你在别的标的上的态度，纯粹是敲竹杠。你看你敲91的竹杠，百度买单了；你敲UC的竹杠，阿里买单了。当你真想为搜狗买单的时候，腾讯敲了你的竹杠。给360贡献最多利润的搜索业务，从此过上了前有百度、后有腾讯的夹击生活。你开化了腾讯，腾讯教育了你。[①]

在该文作者看来，"过去两年，中国的企业家、有钱人都是玩命往外国跑，你却是一心跑回国内。因为你知道，孙猴子再牛，也跳不出如来的手掌心，所以你也学会了闷声发大财，但这不是人民想要的那个周

[①] 方浩.人民想念周鸿祎［EB/OL］.（2017-07-27）.https://www.sohu.com/a/160193099_450476.

鸿祎"。

作为用户，我们想念周鸿祎，主要还是因为周鸿祎作为产品的颠覆者，不仅颠覆了传统的商业模式，还颠覆了产品模式。

彻底把收费变成免费

在周鸿祎看来，商业模式的颠覆性创新，把原有的收费变成免费，表面上看起来是自绝后路，但创新是被逼出来的，只要能够为用户创造价值，自然就会产生商业价值。

商业模式的颠覆，最彻底的就是把收费变免费。不管什么产品，一旦变成免费，价格变成零，彻底消除了价格门槛，就改变了游戏规则，对竞争对手的冲击力也会相当大。

这就是所谓的颠覆性创新（Disruptive Innovation）。Disruptive这个词本义是打破或者中止了旧有的秩序，让事物按照新的规则进行。Disruptive Innovation指的是这样一种创新：它创造了新的价值、新的市场，打破了旧有的市场，并取而代之。因此，也有人把Disruptive Innovation翻译成"破坏性创新"。周鸿祎解释说道：

其实，颠覆性创新最基本的定义，是很简单的，基本上分为三种：
第一，你能把原来很不方便的服务或者产品做得特别的方便。比如说，对于真正的摄影爱好者来说，数码相机的像素再高也比不上胶卷相机。但是，对于绝大多数普通人来说，冲洗胶卷太不方便，而且冲洗出来之后才知道到底拍得好不好。不像数码相机，即拍即见，而且可以很方便地在互联网上分享。这就是用户体验上的颠覆。

第二，把原来很贵的东西变得异常便宜，或者把原来收费的东西变成免费。我认为这是商业模式上的颠覆。

第三，技术革命的创新，比如你发现一种新材料，在应用科学上出现了重大的创新突破，从而产生革命的力量。但这样的情况并不多，特别是对中国企业来说是可望而不可即的。

基于此，回顾中国互联网的发展历史，最早进行颠覆性创新的企业，尤其是进行免费革命的，不仅有360，还有淘宝。

当初淘宝与易趣竞争，市场规则往往都是由实力强大的eBay制定。例如，eBay对买卖双方都收取交易费，对卖家收取店铺入驻费。不仅如此，为了更好地维持这套收费体系的运转，eBay甚至严禁买家和卖家直接联系沟通。

假设淘宝遵循同样的游戏规则，那么淘宝永远也没法打败eBay，原因是eBay要钱有钱，要品牌有品牌，要资源有资源，在整个生态链上能直接压垮淘宝。

财大气粗的eBay，虽然练就了"铁布衫"，但是也有"命门"。面对强敌，淘宝通过免费模式，最终击败了eBay。

淘宝的颠覆逻辑是，既然eBay对买卖双方收交易费，那么淘宝就可以免费为买卖双方服务；既然eBay不允许买卖双方直接沟通，那么淘宝就直接架设起买卖的桥梁。对此，周鸿祎分析认为，淘宝的免费模式至少产生了三个方面的创新：

第一，因为免费，所有卖家都去开店，不开白不开。当卖家都来开店的时候，淘宝的商品就变得极丰富，买家就来了。当卖家汇聚到足够多的时候，你在淘宝搜索一个"卫生纸"，都能搜出来一千个商家，可能还不止。这时候，谁的位置排在搜索结果前面，就要给淘宝交费。所以，实际上，淘宝抛弃了eBay原来的模式，创新了自己的商业模式。

第二，尽可能促成买卖双方的交易，这是电子商务的终极目标。为了方便买卖双方交易，淘宝创新出来新的支付手段——支付宝，用它来支付很方便，为用户创造了价值。当海量用户使用这个支付工具的时候，它就为淘宝创造了商业价值。

第三，为了尽可能促成交易，淘宝不仅不收买家和卖家的交易费，而且创新出来一个淘宝旺旺，方便买卖双方进行交流。在eBay的体制下，买卖双方不能直接交流，这显然不符合中国国情。

当淘宝实行免费和买卖双方直接沟通后，心存怨恨的买家卖家，都纷纷地转移到淘宝，此刻，该商业模式的创新直接对eBay产生巨大的颠覆力量。eBay如果选择跟进，会直接破坏自己已有的商业模式，丢掉现实的营业收入；如果不跟进，eBay就只能眼睁睁地看着客户流失。

再看360杀毒软件，其模式也很类似。在过去，用户必须花两百元才能买到一个杀毒软件，当周鸿祎推出360杀毒软件后，直接把其价格变成了零。对此，周鸿祎说道："其实我一直有一个观点，如果你今天决定创业的话，一定要做创新，而这种创新我觉得从成功率来讲，一定要做颠覆性的创新，而不是做改良式的创新。什么是改良式的创新？你把别人的产品做得更好一点，或者更便宜一点，这些都是渐进式的改良，我觉得这种模式很难成功。很简单，当你跟行业里的大公司竞争的时候，他们比你更有钱，他们比你更有资源和用户，如果你按照他们的游戏规则来玩，即使你做一些改良，大公司马上会作出反应，他们的产品马上会迎头赶上。特别是要想在中国互联网巨头中成长起来，我觉得一定要干别人今天想不到的事情。"

周鸿祎认为没有创新只是模仿，没有任何颠覆性的东西，你就无法跟大公司竞争。我们一定要做出一个东西，它能解决一个问题，而过去在你的产品出来之前，别人解决这个问题的方法可能要非常复杂或者代价很高。360做免费杀毒，本身实际上并没有在产品上创新，杀毒不是360发明的，杀毒这个行业已经存在20年。但是颠覆性的创新不仅仅是技术上的创新，或者说不单纯是技术的创新，也不单纯是产品的创新，很多时候是商业模式的创新。举个例子来说，过去大家都要花钱买杀毒软件，在360出来之前杀毒软件很贵，一套大概三四百块钱，所以导致很多人用盗版。360看到了这样一个机会：杀毒这件事情很有价值，但是大家要为它付出很大的代价。当360要进来的时候，瑞星、金山在这个行业里已经做了很多年，他们有很多积累和沉淀，也有优势。如果360模仿他们，杀毒软件比他们的查杀率更高一点，做得更便宜一点，他们卖300，360卖250，都是不可能成功的，一定会被他们打压掉。对此，周鸿祎说：什么叫颠覆性创新？我彻底免费，用跟他完全不一样的商业模式，通过做免费的安全软件，让用户喜欢我，让用户认知我。当然，我的谋求极大——互联网模式，这种模式实际上就是颠覆，这种颠覆使得在市场上非常有优势的大公司突然变得很尴尬……他们全是卖软件，大家想想，过去的软件公司、杀毒公司一年出几个版本，实际上就一套代码，花点钱做点界面，一旦东西卖给你，他的任务就完成了，东西好不好用就另说了。但是你让卖惯了软件的公司做互联网，探索在互联网上开发增值服务，探索让软件基于云和服务端的模型，这个确实很难。这样的话他们跟360是在同一个起跑线上。

　　免费策略的冲击力实在太大，让传统的杀毒企业面临eBay同样的困境——跟进的话，就会损失营业收入；不跟进，无疑会流失用户。

　　对此，周鸿祎讲道："360推动免费安全，我的股东也天天问我说：你周鸿祎是为老百姓做了一些好事，你是把传统的行业颠覆了，但你靠什么赚钱呢？说句实话，我当时做免费软件的时候，确实也没有想怎么赚钱。但是，我相信，只要能够汇聚达到几亿的用户基础，以后肯定能赚钱。"

周鸿祎举例说道："我们是无意中把商业模式建设在浏览器上的。我们用360安全卫士和360杀毒解决了流氓插件、病毒木马等安全威胁，但越来越多木马通过网页挂马的方式开始从浏览器入侵电脑，特别是搜索引擎里面藏有大量的钓鱼欺诈网站，这逼迫我们不得不考虑用浏览器去解决安全问题。后来，我们发现，浏览器原来是一个上网入口，上面可以构筑搜索、导航、网页游戏等业务。"

周鸿祎非常认同毛主席的一句话——"存人失地，人地皆存；存地失人，人地皆失。"在周鸿祎看来，这句话里面蕴含着最朴素的商业规律，即商家只要关注用户的需求，满足用户需求，为用户创造价值，自然就会产生商业价值。

颠覆既有的商业模式和自己

在中国互联网界，自称产品经理的周鸿祎，总是凭借带来极致体验的产品，让竞争者感到"大军压境"，引发业界阵阵骚动，从而成为广受争议的"搅局者"。这已经不是什么秘密。

周鸿祎虽然"备受争议"，但是在接受福布斯中文网采访中，周鸿祎给自己的定义是一个彻头彻尾的颠覆者。

作为颠覆者,周鸿祎不仅要颠覆既有的商业模式,同时也必须颠覆自己,因为免费的商业模式让360自身也面临营业收入的压力。

如何通过免费战略赚钱,是周鸿祎必须解决的问题。面对商业模式的颠覆,周鸿祎早已胸有成竹:"当时我们一年已经有上亿元的收入。免费后我可以通过提供一些增值服务来获得收入,现在我们的收入已经重新回到免费前的规模。"

颠覆性创新的种种做法给周鸿祎带来了诸多非议,对此,他有自己的理解:在中国,这种做法很难得到理解和认同,大家总觉得你吃饱了撑的,但现在的格局是既有模式下,小公司要想成长起来就是要破坏、要创新,要破坏已经是巨头的公司的商业模式。但在中国提起颠覆、提起破坏会被很多人认为是不好的,东方伦理认为和谐是第一位的,觉得你怎么老跟人家吵架,你老让别人挣不到钱,让市场不和谐。这会让我显得备受争议。这几年网上骂我的人很多,一开始也很生气,因为到处是真真假假的评论。后来我觉得只要你把产品做好,老百姓还是认可的。

第11章
颠覆性创新不能以牺牲用户体验为前提

在搜索商业模式中,信息流广告无疑是非常重要的,尤其是做一些商业搜索时,自然会吸引一些医疗广告。当信息流广告潜在的巨大收益被互联网巨头觉察时,搜索企业自然不会放过这块巨大的蛋糕。

对于周鸿祎来说,医疗广告与其他所有的线上广告形式一样,同样面临要利益还是要体验的问题。在周鸿祎看来,医疗广告虽然能够变现带来收入,但是却是以牺牲用户体验为前提。因此,周鸿祎在后来做360搜索时,断然拒绝了医疗广告。

360搜索的机遇

2018年8月16日,对于360搜索来说,是一个值得纪念的日子,因为这是360搜索诞生六周年的生日。在这六年岁月里，360搜索锐意进取，不断颠覆行业规则，已经成为中国搜索引擎市场中一支不可小觑的力量。

数据显示，2018年1月，搜索引擎市场中360搜索的市场份额达到15.76%，排名第二。这一结果与周鸿祎当年的市场预期相吻合。

Q："合理的份额"是多少？

A：15%~20%，达到这个份额，垄断就被打破了。垄断者可能也就面临改善。未来在无线上，在看搜索和无线的结合，可能Siri是一个新的入口，或者地图跟location的结合，但这都是战术，还是要有一个强大的搜索引擎。

Q：长期来看，你打算用什么方式维持现在争取到的这个份额？

A：第一个，是流量和渠道。即使Google这么强大的企业，也需要流量的引导（Chrome）。默认的搜索流量还是相当可观的，所以我们一举拿到超过10%的份额。但光靠渠道也是不够的，要持续改善搜索体验。我解释过我们的域名：so.com，就是希望很安全、很干净。

搜索引擎本身因为很多人在用，但它确实没有能力对很多网址进行甄别……

我也在尝试打造一个新的生态链。以前的搜索引擎是让用户尽快离开它，它是一个流量分发器，用户尽快来、尽快走。现在趋势发生了一些变化，有些搜索引擎也自己去投资、自己去做，甚至生产只针对自己独家的内容，通过搜索形成一个比较封闭的生态链。

我不去从道德上判断这种做法对不对，任何一个商人走到这一步应该都会这么想。但我想说的是从创新的角度来说，你还是需要颠覆、需要think different（思考与众不同），需要反向操作的。别人如果要打"封闭牌"，你就应该打"开放牌"。别人希望自产自销，我们就要变成多家合作。我知道如果垂直搜索我自己一家一家做，肯定做不成，毕竟没有这个精力，毕竟别人有那么多钱放在那，而且至少比我多做了十年。

所以我只能和很多垂直搜索、提供垂直内容的网站合作。比如在医疗行业，我们不接医疗广告了，但是用户还要查医疗信息，我们就跟类似"好大夫"这样的网站合作，我们认为它有很多经过验证的医疗信息。所以在垂直内容方面，我们应该会找很多合作伙伴，他们负责把内容做好，我们把他们需要的流量导给他们。

作为一个市场的后来者，我们需要做得比巨人好才有机会。当初选视频作为切入口是因为我们跟优酷、土豆关系都不错，然后版权的问题也都解决了，不像你做音乐会面临很多版权问题。现在我们选择了新闻和视频两个垂直领域，未来，应该是只要能找到合作伙伴的领域都会去做。

过去，很多垂直网站做不好就是因为没有入口，没有流量，巨头渐渐地把东西都自己来做了，最典型的不就是"互动百科"吗？基本上只要流量没了，就没有了良性循环。

第11章 颠覆性创新不能以牺牲用户体验为前提

为了维持这样的市场占比，360搜索就必须有条件地创新，提升用户的体验感。

Q：你自己认为奇虎360做搜索有什么优势？

A：技术上说呢，我们也在做一些技术上的创新。国外有个公司叫作StumbleUpon，它是做一个toolbar的，通过用户找出一些好的内容，它来做推荐。我们也在浏览器上做了"拇指计划"，希望借鉴Facebook的"like"功能，因为我们有用户。我跟一家全新的、刚成立的搜索引擎最大的不同就是我毕竟有那么多的用户在用的我产品和服务，他们能够帮我把好的内容筛选出来，这样可以改变搜索的排序。

Google有做"+1"，但是为什么没有成功呢？因为它是放在搜索结果后面的。问题是你在没有看见搜索结果页面之前，你哪能点"+1"呢？你得点击链接过去看才知道，当你发现它有用的时候，你也不会再返回Google来点这个"+1"。这就是局限性了。

我的做法呢，相当于就是把这个按钮放在了浏览器上了，你点这个链接觉得不错，就可以"赞"一下。所以我觉得现在所谓技术，不是说发明一个可口可乐的秘方才叫作创新，搜索就是一个需要大量用户去使用的东西，包括关键词运营也是需要不断去打磨的东西。

（补充说明一句）技术也不是用户无法感知的。我们的搜索技术跟任何竞争对手相比并不逊色，至少是在一个level（水平）的。

客观地讲，谷歌的败退，最大的赢家不是百度，而是360搜索。2012年，周鸿祎拿着"360搜索"这个武器以破局者的身份涉足搜索市场，在颠覆谷歌和百度商业模式的基础上，不断地拓展市场份额，从而打破搜索行业一家独大，甚至是垄断的局面，更以持续不断地技术和产品创新，推动搜索行业生态健康发展。

当然，360搜索能够做大，也与周鸿祎的颠覆建立在用户体验基础上密不可分。2016年，魏则西同学用生命的代价，让暗藏的网络医疗广告浮出水面。在此刻，360高调发布声明称，360搜索彻底放弃医疗广告推广业务，见图11-1。

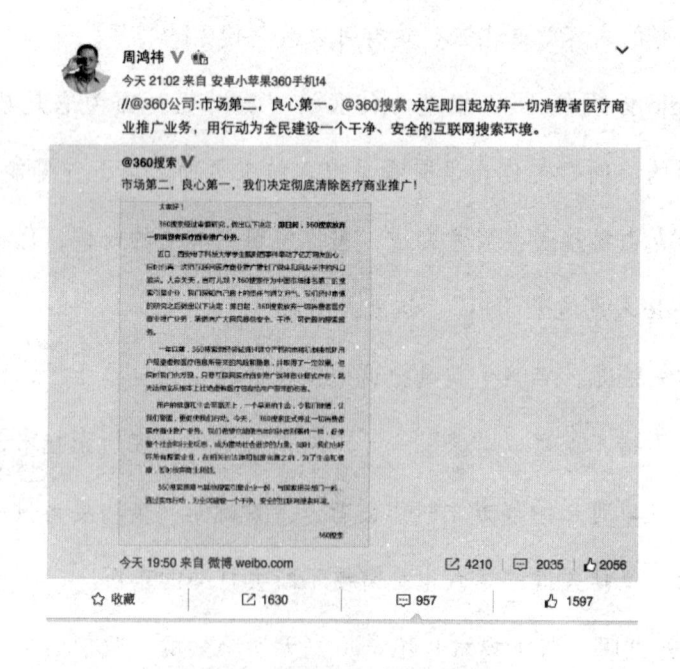

图11-1 周鸿祎通过微博发布声明

360搜索在致用户的公开信中称，2015年开始尝试建立严格的审核机制，但发现无法从根本上杜绝虚假医疗信息造成的危害，于是作出上述决定，为网民提供安全、干净的搜索服务，见图11-2。

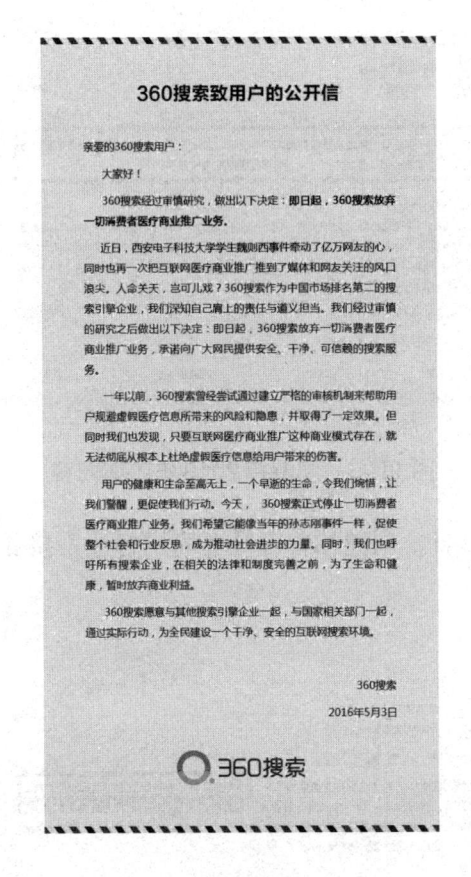

图11-2　360公开信内容

在商言商，此次并非360搜索第一次提出拒绝医疗广告业务，早在2013年360推出搜索业务之初，周鸿祎就曾多次对外扬言，360搜索坚决拒绝一切医疗类广告。

2013年3月13日，周鸿祎当时还说："我们360有自知之明，知道自己没有能力辨别医疗广告的真假，索性一概不接医疗广告。不收昧心钱，睡觉也心安。"（见图11-3）

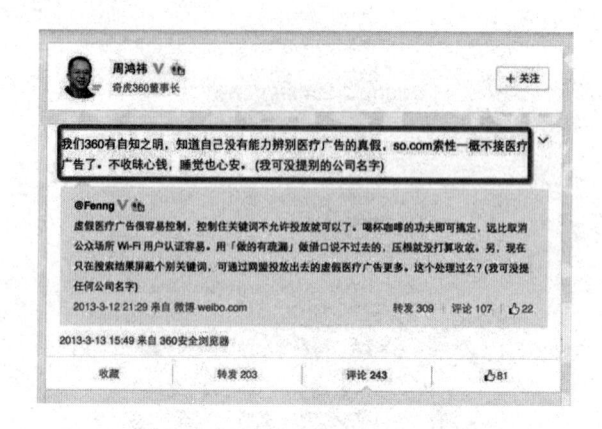

图11-3　周鸿祎2013年微博内容

2013年3月14日，周鸿祎曾呼吁互联网行业不接受虚医药假医疗广告，见图11-4。

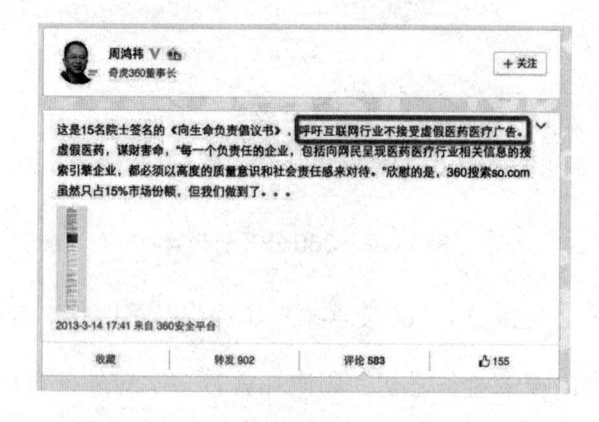

图11-4　周鸿祎在微博上进行呼吁

复盘360搜索对待医疗广告的态度，这么多年来面对医疗广告360搜索表现得一直异常理性，拒绝医疗广告，打造差异化服务和产品，在中国搜索引擎市场杀出一条血路。截至2023年6月，360搜索市场份额为35%、日均请求量超10亿次。第三方市场研究机构CTR发布的《2023年中国搜索引擎行业研究报告》指出，百度、360搜索、搜狗搜索位居行业渗透率前三甲，其中360搜索"安全可靠"的产品形象已经深入人心。

技术实力引领行业进步

与巨头较量，只有"颠覆者"方能取胜。360搜索拓展搜索市场，同样如此。2010年3月，Google公司高级副总裁、首席法律官大卫·德拉蒙德公开发表声明，再次借黑客攻击问题指责中国，宣布停止对Google中国搜索服务的"过滤审查"，并将搜索服务由内地转至香港地区。此后，在搜索市场上尽管百度一家独大，但是仍然留下了大量空白的市场空间。

机会总是留给有准备的人的。果敢的"红衣斗士"周鸿祎拿起他的"AK47"，凭借自己的核心技术，在用户搜索体验的基础之上不断地摸索创新，360搜索才取得今天辉煌的成就。

在周鸿祎看来，360做搜索，没有从布局、产业链的高度去想，光去想布局，用户未必会理会，还是要从用户的角度出发。

周鸿祎坦言：“我们最早做搜索是同百度和Google合作，给他们带去流量，尤其是Google撤出之后，由于我们的默认搜索指向谷歌，用户使用起来不稳定，普通用户就会抱怨浏览器不好。Google撤出之后，搜索市场其实是走向一支独大，用户没有选择，用户的抱怨也非常多，而我们掌握了这么大的流量，这是不是有机会？如果我们去做搜索，一些为人诟病的问题可能就会通过竞争的方式来解决。这是我们做搜索的一个很重要的出发点。"

360当时考虑做搜索，还有三个原因。周鸿祎说道：

第一，技术门槛。做搜索需要一定的技术门槛，我们这个团队，从很早跟百度就是竞争对手，包括帮雅虎做过一搜，奇虎最早也是想做社区和搜索的结合。这么多年，这支团队在搜索技术的积累上没有丢。同时在市场、销售、渠道上，都是完整做过的，现在帮助百度、Google做销售的这些渠道，很多也是我当年一手建立的。从搜索的理解上，我们是具备的。你知道有很多Google出来的技术人才，我们也网罗了一些这样的团队，也有提到一些新的技术，包括利用机器学习的方法来算rank（等级）排序，而不是根据规则。但我认为这不是制胜，其实搜索的技术在过去十年里面没有本质性的变化，（现在）可能比过去好一点，但不是不可逾越的。

第二，流量和渠道。有了技术，没有合理的流量，也做不起来。没有流量就无法改善，无法商业化。在过去几年，我们培养了用户在浏览器和网址站上使用搜索的习惯。我们手里的流量，也是一个基础。

第三，我做任何事，希望think different，就是产品的差异性。如果你做的和别人完全一样，肯定是没有机会的。就像当初做杀毒，本来是一个很低端的红海市场，其实我们是商业模式上做了一个颠覆。而现在的搜索行业，最大的机会是搜索行业的领导者并不重视用户体验。一个新的搜索，如果搜索技术比行业领导者好，可能大家无法感知，品牌度也是有差距的。但是如果我不追求过度商业化，更重视用户体验，改进搜索行业的这些问题。譬如将来商业化，每页限制广告的条数，用不同的颜色区分广告，将欺诈挂马、钓鱼的链接在搜索结果中滤掉。

基于此，重视用户体验就排在商业利益之前。在接受采访时，媒体问道："在360搜索上搜'耳鼻喉医院'，结果会出来哪些提示？"

周鸿祎是这样回答的：

我说的是不安全网址，你说的是灰色的。

不是说医疗广告都是不好的，但这个行业鱼龙混杂，那我们可以不接这个行业的生意。搜索如果做好，已经是一个有史以来被证明最挣钱的商业模式。如果不是太贪婪，即使不做这些，一样可以很挣钱，也可以把用户体验做好。所以我觉得用户体验，这是一个点。

我进入这个行业，一定要做得比这个行业体验更好。技术是不能感知的，不比别人差就可以了，流量是要有的，最后我们追求的是比别人更干净，更真实，不要过度商业化。我们这次做的还是一个比较传统的、中规中矩的搜索，唯一可能颠覆的就是用户体验上，更加尊重用户利益。

总体上希望达到的结果，PC市场上，希望根据我们的流量和浏览器的覆盖量，拿到一个合理的份额。

正是凭借以用户体验为基础的指导思想，2012年，360搜索成为该领域的一匹黑马，同年拿下10%的市场份额，备受搜索市场研究者关注。

2013年9月13日到16日的四天时间里，根据国内知名数据统计机构CNZZ的数据，360搜索的平均市场占有率超过19.5%，在2013年9月14日达到了历史最高点的19.86%。这一数字相对于360搜索2013年8月份18.23%的市场占有率有了大幅度提高，见图11-5。

360搜索主要包括新闻搜索、网页搜索、视频搜索、图片搜索、地图搜索、问答搜索、百科搜索等。

360搜索凭借"干净、安全、可信赖"的理念，从2012年8月推出以来，迅速成为市场中成长最快的搜索引擎，为用户带来更安全、更真实的搜索服务体验。

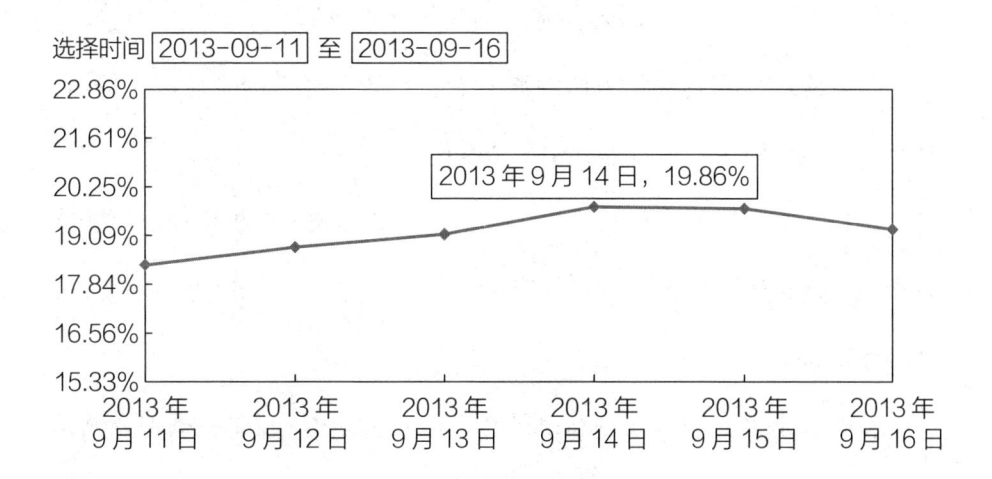

图11-5　360搜索2013年9月11日-16日市场占有率

颠覆性创新的关键是敢于王佐断臂

对于一些巨型公司来讲，颠覆性创新最大的障碍源于自身的优势。在哈佛大学商学院教授克莱顿·克里斯坦森（Clayton M. Christensen）看来，企业"成长的关键，在于成为破坏者，而不是被破坏者"。

当然，作为初创企业来说，实施破坏性创新战略也未必是一件容易的事情。周鸿祎曾形象地说道："欲想成功，必先'自宫'。"

在周鸿祎看来，作为初创企业者，要想赢得用户，还必须在'自宫'和破坏性创新二者之间建立某种对等联系，否则也未必能成功。

周鸿祎说道:"颠覆性创新的关键是创业者要敢于'自宫',因为那些巨头(太看重自己的市场份额)'自宫'起来更痛苦。"

很多跨国公司的创始人眼睁睁看着自己毕生经营的企业巨轮倾覆,却无能为力。柯达公司就是其中一个案例。

2012年1月19日,柯达公司正式向法院递交破产保护申请。可能读者会问,柯达这个摄影界的一代霸主,曾被誉为美国荣光的企业,怎么就穷途末路了呢?

答案就是害怕颠覆性创新砸了自己的"金饭碗",罪魁祸首竟然是自家当初发明的数码照相技术。20世纪70年代,作为全球著名的胶卷生产企业,柯达已经着手研发先进的照相技术,但是却不敢大胆使用,最终走向没落。

1975年,当柯达的工程师史蒂文·萨森(Steven Sasson)把世界上第一台数码相机的喜讯汇报给直属部门领导时,却没有得到嘉奖,甚至被告知要严格保守商业机密,以免影响胶卷的销量。

在现在看来,这是一个非常典型的颠覆性创新,却被柯达的官僚主义给忽略了。正是因为否定了这个颠覆性创新,柯达错过了一个绝佳的引领潮头的机会。在后来的较量中,柯达毫无疑问地走向衰败——不是别人而是自己打败了自己。如今,柯达成为很多企业高管的警钟:在颠覆性技术引入市场时,必须要及时回应。为什么这样说呢?颠覆性创新可能砸了自己的"金饭碗",但是也可能砸了竞争者的"金饭碗"。机遇与挑战同在，只要能够及时地自我变革和转型，那么依然可以引领时代。

柯达的案例给企业经营者的启示是，当时代在变化时，不要害怕颠覆性创新砸了自己的"金饭碗"，否则，即使自己不砸自己的"金饭碗"，竞争者也会砸。与其让竞争者砸，还不如自己主动去迎合时代变革，如"蓝色巨人"IBM。

面对戴尔、联想、华硕等个人电脑企业竞争时，IBM前主席兼首席执行官路易斯·郭士纳（Louis V. Gerstner）主动应对，积极开展软件与服务的转型，最终成就了世界最大的蓝色巨人。

以前，IBM的核心业务是硬件生产和研发，并出售大型主机。如今的IBM，尽管仍然生产和研发硬件并出售大型主机，但是，这块业务占IBM营业收入的比例已经越来越小。

20世纪80年代末90年代初期，当IBM逐渐被小型竞争对手在"PC革命"中追上并赶超后，IBM就已经开始了转型之路——向"服务型企业"转型。

当微软、甲骨文等软件巨头的业绩证明了"软件企业的利润率远远高于硬件及IT服务企业"时，IBM从硬件公司向软件公司的转变已经完成多时，IBM的转型使得自身和投资人获得巨大的收益。

从IBM的数次成功转型来看，企业在转型时，只有敢于放弃短期利益，才有可能顺利转型，如IBM把PC事业部出售给联想就是一个例子。

因此，"破坏性创新是创业者挑战巨头最有胜算的一副牌，这种破坏会很容易让巨头陷入两难境地，不跟可能会丢掉用户，跟会丢掉收入。但这种优势并非来自勇于'自宫'的破坏者的远见卓识，只是两类企业所处的环境条件不同而已，成熟企业会尽量采取利益最大化的策略，迎合利益最大化的客户和投资于利润最丰厚的领域，几乎从未考虑过保卫新市场或低端市场的阵营，而这些市场恰恰是对破坏者极具吸引力的"。[1]

在创新发展上，360从来不输于人，总是根据时代发展对自己重新认识，不断颠覆从前的自己。周鸿祎在2022年1月的《致360全体员工的一封信》中阐述了全面转型到数字安全公司的理念。

致360全体员工的一封信

亲爱的360同学：

在这个辞旧迎新的时间点，首先向大家以及父母家人问好。转眼间360迎来第17年，对公司和各位同学来说，这是历经风雨再出发的成人礼。

过去，我们受益于党和国家给予的政策红利，把握住时代的机遇，从众多竞争者中脱颖而出，成为安全行业的龙头企业。2022年，我们开启数字安全元年，360将全面转型为数字安全公司。

在人类进入数字文明时代的新起点，360将如何面对新的机遇和挑

---

[1] 潘乱.破坏性创新的核心是主动响应市场变迁［EB/OL］.（2012-11-26）.https://www.huxiu.com/article/6364.html.

战？我认为要做好以下三点：

第一，全面投身产业数字化，服务数字经济发展。

互联网进入下半场，数字经济已成为国家战略，各级政府和传统企业将成为数字化的主角，所有的行业都值得用数字化技术重做一遍，所有企业也都会是数字化企业。这意味着我们要全面投身产业数字化。

以服务企业转型为例：360安全卫士等互联网产品要为中小企业提供免费的安全服务和SaaS化服务，降低中小企业数字化成本，让大安全没有短板；政企安全集团要面向企业提供数字安全能力体系，助力传统企业数字化转型；大数据智能业务要为城市安全把好生命线；智慧生活业务要为企业安防拓展新场景。

所有的企业都是时代的企业。只有最能适应变化的企业，才能在数字经济的浪潮中生存和发展。

第二，跨越网络安全，做数字安全的引领者。

数字化程度越高，安全风险就越大。新近勃兴的元宇宙，更是将虚拟和现实的风险推向了极致。

人类已进入数字文明时代，中国正掀起数字经济浪潮，网络安全行业如果继续抱残守缺，拘泥在一个特别窄的技术层面，那说明大家站得不够高、看得不够远，说明指导思想、技术产品都不能与时俱进，没有洞察当下面临的大安全挑战。

对360来说，这是一个巨大的机遇，是一块新兴的市场。比如数据安全、云安全、物联网安全等新技术挑战，以及车联网、工业互联网、智慧城市等新安全场景。这是靠堆砌产品解决不了的风险，是传统网络安全碎片化防御无法应对的挑战。

安全行业应该被重新定义，网络安全要升维到数字安全，才能助力产业数字化战略，才能匹配国家数字经济发展，才能护航人类的数字文明。

第三，立足未来，蹚出一片新蓝海。

360永远是一家立足未来、创新驱动的公司。

产业数字化的核心是人，360创新发展的核心是团队。我们对外要主动开拓市场，为客户创造价值，对内要加强体系协同，各业务线要努力创新，单点破局，各中台团队要为业务发展提供技术支撑。

各位360同学，数字安全开启了全新的增量市场，360也将持续招聘人才。只要我们凝心聚力，坚持科技报国，坚持社会担当，就能蹚出一片新蓝海。

数字安全时代，当仁不让，舍我其谁！

老周

2022年1月26日

在此次公开信中，周鸿祎直言要做数字安全的引领者，就必须投入人力和物力。为了达到转型目的，360公司早早布局，采取的措施如下：

组建东半球最大的安全专家团队。通过10多年持续地招募、培养、沉淀和积累，360公司的专家团队已经具备丰富的实战攻防经验，可以迅速作出响应并分析处理高级威胁，其业绩显著——360公司安全团队已连续三年蝉联"天府杯"国际网络安全大赛冠军；2020年度，360共有13名专家荣登"MSRC全球最具价值安全精英榜"，其中5人位居榜单TOP10，并包揽冠、亚、季军，进榜人数和综合排名均为国内第一。在网络安全技术前沿领域，360拥有十余个代表全球顶尖技术水平的安全专家团队，其中包括专注于APT攻击溯源、零日漏洞等高级威胁攻击的高级威胁应对团队（360 ATA Team）；主攻漏洞挖掘与利用的伏尔甘团队（360 Vulcan Team）；主攻安卓系统、移动浏览器漏洞挖掘与利用的阿尔法团队（360 Alpha Lab）；针对安卓平台APT追踪和病毒分析、移动威胁预警的360烽火实验室；针对PC与移动内核研发的冰刃实验室，以及覆盖云安全、车联网、工业互联网等多个领域的十余个研究机构。[①]

把过去复杂的操作简单化

随着互联化的普及，互联网技术应用发生了翻天覆地的变化。对此，周鸿祎在公开讲话中谈道："在互联网上，其颠覆性创新的案例非

---

① 资料来源：三六零安全科技股份有限公司2020年年度报告。

常多,也发生得非常快。不一定要去发明一个可口可乐秘方,也不一定要去弄一个伟大的专利。现在颠覆性创新越来越多地以两种形式出现。一种是用户体验的创新,一种是商业模式的颠覆。商业模式颠覆,用大俗话说,就是你把原来很贵的东西,能想办法把成本降得特别低,甚至能把原来收费的东西变得免费。我讲了淘宝、微信、360,这种例子太多了,免费的商业模式,包括互联网手机、互联网硬件,颠覆的威力非常强大。什么叫用户体验的创新呢?也特别简单,就是你把一个过去很复杂的事变得很简单。"

所谓创新,是指以现有的思维模式提出有别于常规或常人思路的见解为导向,利用现有的知识和物质,在特定的环境中,本着理想化需要或为满足社会需求而改进或创造新的事物、方法、元素、路径、环境,同时能够得到一定有益效果的行为。

"创新"一词的英文"innovation"起源于拉丁语,原意包含三层含义:第一,更新;第二,创造新的东西;第三,改变。

为了把这三层含义有机地集于一身,史蒂夫·乔布斯做了很多尝试,并由此给世界带来了巨大的影响。苹果推出的很多产品,从内到外被赋予颠覆性创新。

为此,学者郭晓峰在《苹果悬念:创新精神还能延续吗?》一文中分析指出:"是的,每一个苹果产品的到来都让世人翘首以盼。在过去十几年里,它一直站在科技与艺术的交叉点上,创造出一个又一个深得消费者喜爱和认可的产品，如iPod、iPhone和iPad。人们可以不远万里来到另一个国度只为目睹它的问世；可以不吃饭，不睡觉半夜排队只为拥有它，这就是苹果创新的魅力所在。"

在郭晓峰看来，苹果的产品好评如潮的原因就是创新。

在周鸿祎看来，在互联网+的巨大商业价值的催动下，必然会促进新一轮的商业模式创新和变革。周鸿祎认为要开拓一个巨大的消费市场，就要降低门槛，一个是钱的门槛，一个是使用障碍的门槛。它能产生奇迹的力量。

周鸿祎提出评价苹果的成功，可以做一个特别简单的实验。如果你有一个3岁的孩子或者一个70岁的父亲或母亲，你给他一个苹果设备，再给他一个传统电脑。给他3分钟时间，哪一个设备他最容易上手使用？答案毋庸置疑。在研究很多案例后，周鸿祎找到了苹果能颠覆的原因：人性一个最基本的东西——喜欢简单。把东西做得特简单，就能打动人心，就能赢得用户超出预期的体验上的呼应，就能赢得用户。你赢得用户了，就为你的成功打下了坚实的基础。

人性中还有另外一个最基本的东西：喜欢便宜。你要把东西做得便宜，甚至免费。很多时候，从用户的角度出发，从你的身边出发，观察你的用户，观察你的供应链，观察你的上下游，你会发现还有很多很复杂的问题没有被简化，很贵的东西没有更便宜，甚至免费。这里面就一定蕴含着颠覆的机会。

正如著名战略学家加里·哈默（Gary Hamel）所言："一些管理者开始意识到互联网能够颠覆旧的商业模式，但是很少有人承认在不久的将来，互联网将彻底改写我们从前的管理模式。"

在这场商业模式的重构与设计中，"硬件、软件、服务"三轮驱动，开启了自己的商业模式重塑引擎。

众所周知，任何一个企业的成功，必然有其合理性，否则，商业就缺乏合理的想象。对于苹果来说，其独特的商业模式就是硬件、软件、服务的三轮驱动。

正是苹果公司找对了这个盈利点创新，才为苹果的成功打下坚实的基础。所谓盈利点创新，主要是指苹果公司围绕自身的业务、面向哪些目标客户、为什么是这个产品或服务、有没有其他更好的产品或服务来提高利润等方面的创新。一般地，盈利点创新通常能够找到一种新的突破点。

在课程上，哈佛商学院市场营销学教授西奥多·莱维特就曾告诫学生说："顾客不是想买一个6毫米的钻孔机，而是想要一个6毫米的孔。"

在西奥多·莱维特看来，盈利点创新必须建立在用户的需求之上。如曾经有用户抱怨说，自己在购买唱片时，仅仅只想为其中的一两首歌曲付费，但是现在却要为整张唱片付费。这样的抱怨使得史蒂夫·乔布斯抓住了难得的机遇，不经意成为苹果公司盈利点创新的关键所在。

2001年，在史蒂夫·乔布斯的操刀下，苹果公司推出第一款苹果

iPod音乐播放器。在当时,一些商学院教授并不看好苹果iPod音乐播放器,因为全美每年的销售数量仅为72.4万台。这样的数据似乎证明iPod音乐播放器不具备什么市场前景。

然而,史蒂夫·乔布斯的举动让教授们目瞪口呆。随后,苹果推出的iTunes网上音乐点播商店,为用户提供一首歌曲只需支付0.99美元的合法音乐下载途径。为了拓展苹果iPod音乐播放器的市场,苹果公司设定了只有使用iPod,才可以播放从iTunes下载的音乐。

事实证明,iTunes音乐商店得到了用户的青睐。

在史蒂夫·乔布斯的极简主义下,苹果iPod不仅仅是一台音乐播放器,而且还成为音乐文化的符号。

这样的实例说明,苹果真正的盈利创新点,不仅仅体现在硬件层面,更为重要的是,让数字音乐的合法下载变得更加简单易行。

基于此,苹果公司有效地利用"iPod+iTunes"组合,开创了一个全新的苹果商业模式——将硬件、软件和服务融为一体。

苹果公司能够创造这样的盈利点,是因为史蒂夫·乔布斯洞察到了基于终端内容服务市场的巨大商业潜力。在其整体战略上,硬件、软件、服务的三轮驱动模式使得苹果已经从纯粹的消费电子产品生产商,向以终端为基础的综合性内容服务提供商转变。

苹果的"iPhone+App Store"的商业模式创新同样如此,满足了移动互联网时代下,手机用户追求个性化软件的需求。这种满足使得史蒂夫·乔布斯挖掘出手机软件业的巨大蓝海市场，从而开创了手机软件业发展的新篇章。

研究发现，苹果的iPod+iTunes、iPhone+App Store、iPad商业模式，先后改变了传统音乐、手机和出版行业的格局，建立了行业新秩序。之所以能达到这样的战略目的，是因为史蒂夫·乔布斯为苹果成功地找准了盈利点创新，开创了硬件、软件和服务的产业关键环节，从而取得了骄人的业绩。

反观苹果公司的商业模式，不仅为新产品注入新技术，更重要的是，苹果公司把新技术和时尚设计结合起来，形成其独特的商业模式。

这种全新的商业模式的亮点是将硬件、软件和服务融为一体，创新地改变了音乐播放器产业和音乐唱片产业两个行业。由于苹果公司为用户提供了前所未有的便利，用户就很容易接受和认可。

不可否认的是，任何一个商业模式成功的前提是必须提供客户价值。现代管理学之父彼得·德鲁克曾评论说道："企业的目的不在自身，必须存在于企业本身之外，必须存在于社会之中，这就是造就顾客。顾客决定了企业是什么，决定企业生产什么，企业是否能够取得好的业绩。由于顾客的需求总是潜在的，企业的功能就是通过产品和服务的提供激发顾客的需求。"

在彼得·德鲁克看来，任何一个企业拓展一个新的蓝海市场，绝对不是教科书上所讲的是通过市场调查得出来的结论。对于苹果公司来说，当明确客户价值主张之后，首先就必须要解决这个问题。对于iPhone来说，其核心功能不能局限在通信工具，必须拥有通信和数码终端的功能，即融合手机、相机、音乐播放器和掌上电脑等的功能。

不仅如此，苹果还注重用户体验。在《蓝海战略》一书中，作者W.钱·金（W. Chan Kim）和勒妮·莫博涅（Renée Mauborgne）用价值创新的理论阐释了客户价值主张。在该书中，作者写道："利用价值创新曲线，重新审视对消费者真正有诱惑力的价值主张，并用自己的资源和流程来去满足他，就完全有可能创造出一个新的市场出来。"

研究发现，创新商业模式的企业往往不会选择一个现有的市场和竞争对手火拼，而是重新审视消费者的价值主张，选择提供一个和现有产品不同价值主张的产品，从而创造了一个新的市场。[1]

苹果公司在商业模式创新中非常注重提供客户价值。苹果十分重视客户价值，破除封闭的陈旧思维，兼收并蓄，纵横捭阖，将先进的技术、合适的成本和出众的营销技巧有机地结合起来。苹果自己掌握了硬件、软件和服务的产业关键环节，为不断创新做了最为有力的铺垫。

如今，尽管苹果的产品少有什么特别前沿的技术，也往往不是业界第一个吃螃蟹的人，但是能够在合适的时机将合适的技术以最适合消费者体验的方式设计出来，同样可以取得成功。苹果公司之所以能够屡屡

---

[1] 马文刚.以"SUCCESS"打造创意商业模式［J］.销售与市场（管理版），2011（06）：13-13.

创造成长奇迹，是因为苹果创造了与众不同的市场。而创造与众不同的市场背后的关键是明确客户的价值主张，即客户的需求到底是什么。除了苹果，星巴克的策略也有异曲同工之处。

1999年6月30日，投行、风投等投资机构把网络泡沫继续吹大。然而，还没等泡沫破灭时，时任星巴克CEO兼董事长的霍华德·舒尔茨（Howard Schultz）却遭遇一生中最难堪的时刻。

在20世纪90年代末期，虚幻的网络经济依然吸引着华尔街的投资者们。在这样的背景下，这位星巴克的创始人兴冲冲地向外界宣告，销售咖啡饮料的星巴克正在转型为一家互联网公司——推出门户网站、在线销售咖啡和厨房用品、向一家在线聊天公司投资2,000万美元。

当这则信息被媒体报道之后，星巴克当天的股价如遭遇雪崩般一泻而下，当天就下跌15%。不可否认的是，星巴克之所以下跌，是因为投资者们不理解卖咖啡饮料的星巴克为什么要转型做互联网公司，而且还投入海量的资金来做，于是投资者们抛弃星巴克就在情理之中。

当星巴克的股价应声下跌时，霍华德·舒尔茨对媒体坦诚地承认："我在这件事上摔了跟头。"不过星巴克如此积极地使用互联网技术，是有着积极的战略意义的，只不过当时的投资者没有看到而已。

2012年8月，霍华德·舒尔茨再次启动互联网战略，给移动支付公司Square投资2,500万美元，成为其董事会成员。当媒体披露这则消息之后，外界才发现，霍华德·舒尔茨从来就没有放弃过为星巴克注入互联网基因的努力。

当经历过当年网络事件的难堪后，霍华德·舒尔茨不再那么高调，而是"随风潜入夜，润物细无声"地推行星巴克的互联网改造——除了创建电子商务体系，积极地互联网化外，甚至还拥抱移动互联网。

为了迎合互联网用户的消费需求，2009年，星巴克推出手机应用客户端。2012年1月，美国市场推出手机支付，截至2013年7月，移动支付的交易数量竟然高达6,000万笔，每周通过手机支付的订单就超过100万笔。当然，霍华德·舒尔茨积极地实施互联网化，有意让用户潜移默化地接受互联网化的星巴克服务。

在移动互联网纵横捭阖的今日，大型公司都在提供手机应用或社交媒体支持。作为互联网支持者的霍华德·舒尔茨更是如此。在互联网化的过程中，星巴克的投入和营销都已经领先于零售业的其他竞争者。这就使得星巴克成为美国移动支付规模最大的零售公司之一。不仅如此，星巴克还被脸书、推特、Pinterest等社交媒体誉为最受欢迎的食品公司之一。

霍华德·舒尔茨积极地互联网化——电子商务、手机支付和社交网络营销，主要是为更好地迎合用户的需求，即用互联网技术将咖啡店内外的顾客紧密联系起来。星巴克的相关数据显示，星巴克的消费者大部分都在使用智能手机，越来越多的用户利用移动互联网在星巴克消费。为了追踪用户的消费趋势，星巴克以用户为核心创建一个在线社区。

星巴克通过掌握的用户消费习惯、口味喜好等数据，在"体验为王"方面获得了非比寻常的优势。霍华德·舒尔茨积极地推进互联网营销，而移动支付仅仅只是互联网化中的一部分。

研究发现，星巴克积极地推进互联网化，并不是因为霍华德·舒尔茨是一个技术狂人，也不是因为星巴克总部与科技巨头微软和亚马逊总部同在西雅图，主要是因为霍华德·舒尔茨这位创始人回归企业经营管理后，并未研发出新口味的咖啡饮料，于是带领星巴克这家传统的咖啡连锁公司进行了一场营销革命而已。

正是因为星巴克积极互联网化，使得星巴克与顾客建立了前所未有的牢固关系。研究专家撰文指出，星巴克之所以被很多城市的消费者青睐，是因为星巴克提供的服务不仅仅是咖啡、面包，还是一种体验为王的生活方式。星巴克打破了传统的商家与顾客之间单纯的买卖关系，把很多附加值也融入其中。

为了更好地打造用户体验，霍华德·舒尔茨敏锐地预判到，在如今这个时代，互联网和手机将影响人类的生活和工作状态。霍华德·舒尔茨意识到，只有把这个时代特征迅速融入到星巴克的产品和服务之中，才能赢得用户的好评。星巴克由此开始了互联网化的行动。时任星巴克中国区副总裁Marie Han Silloway介绍说："数字化营销完善了星巴克体验，让顾客感受到'星巴克就在身边'。"

不仅如此，星巴克还实施了病毒式营销，一个病毒式传播的在线视频恰当地诠释了星巴克的理念——在一款名为Early Bird的星巴克手机应用服务中，用户一旦设定好起床闹钟，当闹钟响起时，只要用户点一下"马上起床"，在一小时内赶到任何一家星巴克门店，凭借Early Bird手机应用记录，用户就能喝到一杯打折的星巴克咖啡。

的确，Early Bird手机应用是一个将产品和用户的日常生活建立联系的好创意，星巴克并没有强行向用户销售咖啡，不过是提供了打动用户的服务。

在互联网化的过程中，作为传统企业互联网化的典型案例的星巴克，对中国传统企业具有较高的借鉴作用。从价值传递环节向价值创造环节渗透，互联网将深度改造传统产业。商业过程纷繁复杂，概括起来包括价值创造和价值传递两大环节。在价值传递环节，主要是我们常说的信息流、资金流和物流，而电子商务的蓬勃发展，则打通了物流、信息流和资金流。互联网已经全面渗透并改造了价值传递环节，实现了数字世界和物理世界的融合，减少甚至消灭了中间环节，重构了商业链条。[1]

对此，周鸿祎说道："我们以后少讲点儿大话、空话，我们的产品还没有找用户去验证，就宣布要革谁的命，谁会相信呢？我们应该悄悄地……然后等到巨头们发现的时候，我们的产品几乎已经上亿了，'BAT'想抄已经来不及了。原来我特别喜欢跑到会上讲话，讲完了之

---

[1] 华为集团公司.数字化重构新商业未来［N］.中华工商时报，2014-01-17.

后，我自己体力有限、兜里钱有限，自己还没来得及干，发现都被巨头们干了。现在很多创业者融了很多钱，建议创业者不要做那么多演讲，除了你的竞争对手会认真研读你对行业的分析，用户永远会问一个问题：'我为什么用你的产品？你的产品给我创造什么价值？我怎么用？我在哪能找到？'所以，任何伟大的公司，我们不要看它今天多厉害……人家今天说什么大家都觉得有道理。但你们不能跟他们学，因为我们作为创业者刚刚在行业起步，我们应该像他们当年一样，埋头扎在用户中，更多地去关注我们的产品……我们只能把自己有限的精力花在内部产品的管理、经营和打磨上。"

第12章

用户思维比客户思维重要

在公开场合，周鸿祎曾告诫传统企业的经营者，在转型时，必须关注用户，而非客户。在周鸿祎的思维中，用户比客户更为重要，心中如果只有客户的概念，是转型不了互联网+服务的，传统企业老板必须建立用户的概念，才能适应互联网+服务的需要。

用户不一定掏钱购买企业的产品，但是用户却经常用企业的某个服务或者产品，直接跟企业连接，定期跟企业实现交互。

在周鸿祎看来，做客户容易，做用户难。互联网里为什么很多公司的产品简单，商业模式复杂呢？因为产品特别简单，特别是面向个体消费者的产品，可以让消费者一句话就能听明白为什么用该产品。但是要用它找到挣钱的方法，就要不断从A走到B走到C走到D，不断推演，这是互联网行业和很多行业的差别。

当传统企业真正地做互联网+服务时，自然就有了用户，后续的服务才能真正地发挥作用。所以，"用户至上"并不是一句空话。究其原因，互联网用四个字总结就是"用户至上"。没有用户的概念怎么连接，用户不和企业连接，所有的连接、大数据，等等都是空谈，也无法建立企业的商业模式。

服务用户比客户更重要

在谈到用户的重要性时，周鸿祎举例说明：很多人因为不了解互联网的规律，最开始觉得这个公司没有价值，为什么呢？因为最早他们做的是打车生意，出租车公司会向滴滴付钱吗？打车的人会向它付钱吗？没有一个人是它的客户。但是它解决了两个问题：打车是不是刚需？打不到车是不是痛点？打车还是比较高频次的业务，解决了一部分用户的高频刚需和痛点。这些用户和出租车司机原来有连接吗？没有。但是现在和打车软件建立连接以后，有了这么多用户，你发现它再下一步往专车走，所有小的租车公司，或者说有车愿意出租的人，最后都会成为它的客户，因为它连接了很多用户。所以，你去看互联网里很多模式在今天产生了颠覆性效果，都是因为用户战胜客户。在这样的背景下，服务用户自然比客户更重要。

众所周知，互联网的真正的核心就是"连接"，连接程度越深意味着越透明，其平台的可信度越高，一旦突破某个临界点，其成本变低，产品和服务的价格随之降低，甚至还有可行的后续服务。

遗憾的是，在当前很多行业中，由于缺少"连接"，自然也就缺少互联网企业所倡导的"用户至上"。事实证明，越"连接"的行业，企业经营者们越愿意通过后续互联网+服务赚钱，自然也就越来越诚信；相反，越是不"连接"的行业，企业经营者们就越愿意通过一次性买卖赚钱。

当然，如果跟大量的快消企业经营者谈用户思维下的免费+增值，无疑是缘木求鱼。尽管如此，我们不能简单地把传统企业认定为不具有互联网公司的"用户思维"。在大连接之前，卖货仍然是主流的经营思维，这并不说明传统企业的经营策略无需改变，因为在互联网+时代，互联网+服务已经成为传统企业提升竞争优势的一个重要节点。

传统思维中只有"客户"

对于传统的经营者来说，往往注重把产品销售出去，其后就结束了一切行为。因此，在他们的思维中，通常只有"客户"。

随着互联网技术的发展，传统的经营思维已经落后，在互联网+时代，一切以"用户"为中心，用户有了更多的话语权，由此催生新的商业逻辑。

对此，周鸿祎曾撰文写道：

一些企业在向互联网转型的时候，只是简单地考虑在互联网上卖东西，把原来跟客户打交道的这些方法搬到互联网上，最终发现不会玩儿了。

互联网时代，环境变了，规则变了。以前你把东西忽悠出去，客户购买了就达到目的了。而现在，你把东西卖出去或者送出去，用户才刚刚开始跟你打交道。

在我看来，用户的定义就是那些你能长期提供一种服务，能长期让他感知你的存在，能长期跟你保持一种联系的人。你只有在互联网上积累了足够多的用户，才有能力把其中一些转成你的客户。[1]

周鸿祎认为，用户使用某厂家的产品或者服务，但是这部分人群未必就购买产品或者服务。对此，很多传统行业经营者不理解，他们觉得这些人不购买产品或者服务，不给厂家付钱，白用的人多了，无疑会增加其成本，成为厂家的累赘。

周鸿祎直言："他们不理解微信为什么免费，我告诉他们，微信为腾讯凝聚了几亿用户。有这样一个庞大的用户群，微信将来在上面嫁接

---

[1] 周鸿祎.周鸿祎谈互联网思维：用户，不是客户［N］.人民日报，2014-10-16.

O2O（线上线下）可以赚钱，嫁接电商可以赚钱，网上发一款游戏也可以赚钱。为什么说360是一个互联网公司，而不是单纯的杀毒软件公司？因为360不是靠卖杀毒软件挣钱，而是通过免费杀毒得到了海量的用户基数。直到今天，360杀毒依然在赔钱。但我们向用户推荐使用360浏览器，在浏览器上我们建立了导航、搜索、网页游戏等业务。今天360一年几十（上百）亿的收入不是靠杀毒软件卖出来的，而是靠浏览器业务平台做出来的。"

企业要获得用户，就必须给用户提供更多的价值。在周鸿祎看来，互联网产品的本质是服务——手机背后是电信服务，QQ聊天背后也是整套的服务。在过去，企业可以闭门造车，但今天用户需求已经被高度刺激起来。用户特别容易喜新厌旧，转移成本又很低。企业窝在屋里，脱离市场，最后一定会偏离方向。

在这种情况下，贴近用户，敏锐地感觉用户脉搏的变化，及时调整自己的产品，你才能成功。很多优秀公司的产品每几个月、几个星期甚至每几天都会有改变。哪怕你的产品还有很多缺点，也要快速改变，不断地满足用户需求。今天很多小型互联网公司，在某个领域能够战胜大公司，也是这个道理。

对此，周鸿祎告诫传统企业经营者："无论你的想法如何，都不比用户高明。所以任何美妙的想法，都不如先把它简单地做出一点点，拿到市场上做实验。一旦对了，你马上能看到增长，并能迅速跟进；一旦不对,你调整的成本也很低。今天做互联网产品,绝不能闭门造车,原因可以归为一个实质,那就是用户决定一切。"

随着互联网技术的深入发展,购买火车票的方式已经多元化,出现了各种各样的新渠道。其中,互联网购票自然是用户最为常用的一种有效的途径。尤其是每年的春运期间,广大务工者由于缺少互联网技能,或者日常接触电脑设备少,最棘手的问题就是购买火车票。

为了服务行业群体,解决农民工"购票难"的问题,360浏览器把抢票功能植入其中,有效地降低了网络购票的难度。

自媒体人李建华曾写道:

自从12306推出火车票网上购买之后,火车票刷票插件瞬间就开始流行了。我曾经为了抢火车票几乎下载了市面所有的火车票刷票插件,这其中就有360浏览器、猎豹浏览器、傲游浏览器、搜狗浏览器等。但是最开始的时候,大家的刷票水平都差不多,基本上都刷不到,后来,使用了几次,发现360浏览器的性能优越了不少,能刷到票了,特别是在计算的时间水平上有所提升。后来,为了防止恶意刷票,修改了验证码,并对一些刷票插件进行屏蔽……很多插件都用不了……但是他们依旧还挂在网上,通过SEO(搜索引擎优化,Search Engine Optimization的缩写)等关键词吸引用户下载。结果我也下了,体验后,发现还是之前的功能,然后我立即快速地卸载,心里大骂"垃圾"。我想通过SEO

这种手段，用一个过时的产品吸引用户下载，是很多推广部门都会干的事情，不过这种手段只能欺骗用户一时，用户一旦在大脑中对一个产品产生了坏印象，让他下次再使用这个产品，我想已经非常困难了，这个就是欺骗手段造成的用户流失。

后来我发现，没过两天之前不能用的360浏览器竟然能用了，我估计360浏览器的一些产品经理也发现了这个问题，立马加班对产品进行了升级。两天之内能修改一个新的功能出来，不是一般的公司能做到的。因为我发现其他公司的浏览器还是老样子，但是360做到了。这说明了360的产品经理对用户需求变化感知的准确性和强执行力。或许其他的产品经理也看到了问题，但是可能因为内部沟通不畅，或者执行不到位，所以这个功能就没有继续更新。再后来，中国铁路官网要求抢到票的用户进行验证码输入，防止恶意抢票，其他的浏览器刷票插件还是老样子，360又进行了升级，可以自动识别输入验证码。这是一个非常小的功能，但是非常实用。为什么这么说？因为我之前刷票的时候，都要坐在电脑面前，就怕万一刷到票了，你来不及输入验证码，这个票就可能抢不到。因为很多次都是因为没有及时输入验证码导致没有抢到票。对一个用户来说，这是非常讨厌的一件事情。但是360浏览器很快就加了这个功能。这种对人性需求把握的准确性，不是一般产品经理能做到的……

360浏览器能够得到用户的高度评价,源于360自身对产品体验的提升。在360总部的一间会议室中,专门设置了360浏览器抢火车票体验屋。360浏览器的工作人员邀请了保安、快递员、厨师、保洁、理发师等不同职业的人群,体验手机抢火车票功能。这些体验者时不时地相互交流,现场非常热烈。

在现场抢票体验中,大部分用户称,自己以前都是用114等电话抢票,但由于12306推出网络购买火车票功能,于是他们开始尝试网络购票、手机抢票。

在测试中,刚开始,一位快递员坦言,他更愿意去火车站窗口购票。然而,当360浏览器技术人员指导他如何购票后,这个快递员觉得手机浏览器抢票功能太方便了,今后自己在送快递的途中就可以边送边刷票,一点不耽误。

另外一位测试者是一名保安。他说道:"之前一直在12306官方网站上购票,感觉更加安心,通过其他手段抢票心里总是很忐忑。"

360技术人员由此认为,只有在安全方面做足了功夫,用户才更愿意使用360浏览器。于是,经过调整,用户在购票时,支付环节均是在12306官网上进行,广大用户可以放心抢票。

另一位厨师师傅体验后称,他是先学会电脑抢票,后开始逐渐尝试手机抢票。在他看来,由于网速的因素,电脑抢票的成功率更高。对此,360浏览器技术人员解释,用电脑和手机同时抢票,成功的概率会大幅增加，但建议大家多采用手机端抢票的方式。因为360加大了对手机端抢票的投入和开发力度，360手机浏览器有离线抢票、监控刷票、自动识别图片验证码等强大功能，并且新增了上百台服务器，成功率更高。

360浏览器"抢票王"的上线，再次提升了广大用户的体验感。技术成熟稳定，操作方式简单快捷，抢票成功率提升，等等因素，让越来越多的用户开始把360浏览器作为春节回家的保障。

后 记

2023年的夏天，几抹和煦的阳光洒在我写作的案台上，心绪不再平静。按照既往的程序，我将给案例研究的企业一个承前启后的总结，但是这一次我很犯难。

究其原因，"退隐江湖"的周鸿祎不再像之前那么"好斗"，如果他仍然"好斗"，我们可以从"好斗"的角度挖掘新的视角。遗憾的是，"好斗"的周鸿祎"闭关修炼"了。这让我不得不从另外一个角度来解读周鸿祎。可以肯定地说，周鸿祎的归隐，意味着周鸿祎的"作战"风格和范式正在渐渐地转型，同时也在预示周鸿祎的激进式颠覆暂时告一个段落。

正如周鸿祎回应《人民想念周鸿祎》所言："其实我知道，大家也不是想念我，是想念讲真话的人，是想念挑战者，也是想念互联网的'炮火声'。虽然过去两年的互联网有些无趣，但大家要有耐心。如果把互联网行业发展与竞争比作马拉松，我觉得不是一场马拉松，而是很多场。"

从周鸿祎的回应不难看出，用户需要像周鸿祎一样敢于颠覆的企业家。因为只有企业家敢于颠覆，尤其是站在用户立场上去思考和满足用户需求的产品，用户的需求才能最大程度地得到满足。

作为颠覆者赢得用户的周鸿祎，自然明白"水能载舟，也能覆舟"的道理，但是此刻的周鸿祎，尤其是360私有化，成功地回归A股后，周鸿祎已经不可能像当年那样"肆无忌惮"地颠覆竞争对手。

客观地讲，在之前，周鸿祎以颠覆者的身份和角色，不仅成功地颠覆了竞争对手，同时也颠覆了自己。从当初的3721，到360安全卫士，再到免费的360杀毒，等等。

硬币都有两个面，当360回归A股后，意味着360将重新再出发。这样的转型，无疑推动周鸿祎再次颠覆新的行业。毋庸置疑，在下一波的产品颠覆中，同样按照周鸿祎的产品设计理念——刚需、痛点和高频，以极致的产品和体验为基础。

这样的判断，源于周鸿祎作为360的创始人，同时也是产品经理，其策略一定坚守"刚需、痛点和高频"，这样的产品逻辑更符合周鸿祎对人性的解读。

这里，感谢"财富商学院书系"的优秀人员，他们参与了本书的前期策划、市场论证、资料收集、书稿校对、文字修改、图表制作。

以下人员对本书的完成亦有贡献，在此一并感谢：周梅梅、吴旭芳、吴江龙、简再飞、周芝琴、吴抄男、赵丽蓉、周斌、周凤琴、周玲玲、周天刚、丁启维、汪洋、蒋建平、霍红建、赵立军、兰世辉、徐世明、周云成、丁应桥、金易、何庆、李嘉燕、陈德生、丁芸芸、徐思、李艾丽、李言、黄坤山、李文强、陈放、赵晓棠、熊娜、苟斌、佘玮、欧阳春梅、文淑霞、占小红、史霞、杨丹萍、沈娟、刘炳全、吴雨来、王建、庞志东、姚信誉、周晶晶、蔡跃、姜玲玲，等等。

在撰写本书过程中，笔者参阅了相关资料，包括电视、图书、网络、视频、报纸、杂志等载体上的资料，所参考的文献凡属专门引述的，我们尽可能地注明了出处，在此向有关文献的作者表示衷心的谢意！如有疏漏之处还望原谅。

本书在出版过程中得到了许多教授、管理专家、上百位智库研究者、业内人士以及出版社的编辑等的大力支持和热心帮助，在此表示衷心的感谢。

由于时间仓促，书中纰漏难免，欢迎读者批评斧正。

周锡冰

于财富书坊